我的最后一本
口才书

陈慕妤◎著

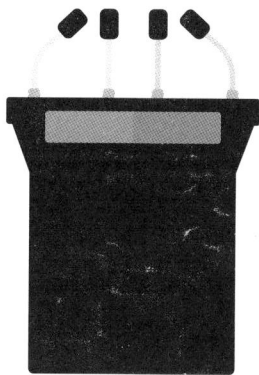

天津出版传媒集团

天津人民出版社

图书在版编目（CIP）数据

我的最后一本口才书 / 陈慕妤著 . — 天津：天津人民出版社，
2019.4

ISBN 978-7-201-14446-7

Ⅰ.①我… Ⅱ.①陈… Ⅲ.①口才学 – 通俗读物 Ⅳ.① H019-49

中国版本图书馆 CIP 数据核字（2019）第 038086 号

我的最后一本口才书

WO DE ZUIHOU YIBEN KOUCAI SHU

出 版	天津人民出版社
出 版 人	刘 庆
地 址	天津市和平区西康路 33 号康岳大厦
邮政编码	300051
邮购电话	（022）23332469
网 址	http://www.tjrmcbs.com
电子邮箱	tjrmcbs@126.com

责任编辑	赵 艺
装帧设计	鱼京山鸟

制版印刷	三河市金元印装有限公司
经 销	新华书店
开 本	710 毫米 ×1000 毫米 1/16
印 张	16.75
字 数	238 千字
版次印次	2019 年 4 月第 1 版 2019 年 4 月第 1 次印刷
定 价	45.00 元

前　言

想一想下面这几个问题：

在生活当中，需要我们说话的时刻多不多？

这些话说得好不好，对我们会不会造成相应的影响？

如果我们有意识地提高自己的表达能力，练就一副好口才，是不是能更主动地应对各种情况？

我相信你的答案肯定都是"yes"。

事实上，说话对于我们一个人的重要性，已经毋庸置疑。问题是，很多人却没有针对性地去锻炼自己的口才。

一旦他们觉得自己的口才不好，就幻想自己可以轻易地从各种口才书里获得有效的指导。不会撩妹，就去看爱情类的学说；不会人际沟通，就去找教导沟通的读本；不会表达，就去阅读各种"好好说话"的书籍。

然而看完之后呢？出来的效果，总是不好。

为什么会这样？

因为口才的核心组成要素，那些书籍并没有教你。它们只是授人以鱼，没有授人以渔。

好比你要跟异性聊天，那些爱情类的说话书籍只是教导你要懂得哄女生开心，适时说一些玩笑话来缓和一下气氛。然后你就背了几个材料，希望跟心仪的女生相处时抛出来，引对方发笑。

结果呢？尴尬了。

不是说出来让人感到生搬硬套，就是连把笑话说出来都觉得困难。

面对这种情况，最正确的方式，就是由内而外培养自己成为那种充满幽默感的人，知道怎么随时随地、因人因事就能脱口而出一些玩笑，这样才能自然而然地营造谈话气氛。

市面上很多有关口才的书籍，往往只告诉你怎么做，却没有告诉你这样做的原因。这种讲述方式不是不好，你想要看完它们就能出效果，必须有一个前提条件，就是你有运用这些说话技巧的能力。

缺少这种能力，就算你看再多的口才书，你的说话能力也很难获得质的提升；如果你具备这种能力，那么掌握任何的说话技巧，也只是弹指之间。学会这种能力，才能够彻底地解决你不会说话这个问题。

那么，运用这些说话技巧的能力是怎么来的呢？这需要你从口才的开始练习基本功。

而这本书，就是为此而生的。

这本书的知识，全都经过实践和验证。结合了外部理论，也提供了个人经验。但跟其他口才书不同的地方在于，本书提供的理论和经验方法，可以解决基本功的问题，从核心口才因素这个点去提高自己的说话能力。

就是说，看完这本书，如果你以后遇到某些说话上的问题，你也可以针对性地运用书中的方法去学习提高。如同你掌握驾驶的基本技能之后，无论让你开什么车都能够轻易上手。因为阻碍你提高的核心因素已经被解决了，剩下的事情，只是需要你投入时间去练习而已。

这本书一共有七个章节，但总体来说，它们围绕四个部分讲述。

第一部分，口才的总体论述。

这个部分的文章，会让你知道好的口才是什么样子，应该具备什么样的条件，而且让你知道它的局限或者缺点在哪里。

只有知道了这些，才能够针对自己的需要，有目的地去锻炼自己，提高自己，而非像盲人摸象那样，看不到整体，把时间浪费在不必要的地方。

看一看目前的你在口才方面有哪些欠缺，或许你会知道，应该朝着哪个方向去努力提高了。

第二部分，口才的基本功锻炼。

有些人能够说话，却不能"说好话"，不是说得磕磕绊绊，不顺溜，就是连一些基本的说话能力都无法展现出来。这样的口才，自然会影响表达效果。

所以基本功的练习，对于提升口才就显得非常重要了。怎样才可以克服紧张，让自己讲话更顺畅，怎样才可以提升语言组织的能力，表达的逻辑思维如何培养，或者怎样才能发挥幽默等，都是这部分要讲述的内容。

拥有好的基本功，才能让你的口才发挥出应有的作用，而非茶壶里煮饺子——有货倒不出！

这部分的文章，也是全书最重要的内容。

第三部分，提升与人聊天的能力。

学习口才方法，最终还是要落实到与人交流上面。但怎么交流，才能让彼此建立友好的人际关系，这就是一门技术活儿了。

尽管很多人非常愿意跟别人交流，然而却从来不知道怎么打破冷场，建立进一步的关系。如果你就是这样的一种人，学习怎么跟别人好好聊天，或许能够帮到你更好地表达自己。

当然，并不是每个人都能够好好聊天，有时候一些人会无缘无故地怼我们，出言不逊地伤害我们，我们可不能任由这样的人主宰情绪，所以学会怎么反击，也是聊天能力的一部分。

所以，这个部分讲述的内容，就是让你学习如何与人更好地聊天交流。你不懂开启话题与人聊天，我告诉你答案；你不懂跟异性聊天，无法发挥幽默，我也告诉你；别人针对你，你怎么反驳，我也可以教到你；甚至你害怕冷场，或者害怕找不到话题，在这里也能找到相应的建议。

第四部分，掌握高情商的说话技巧。

情商对于与人沟通来说，其重要性已经不言而喻，但怎么才算高情商说话，怎么学会高情商说话，并不是每个人都知道。

高情商，并不是虚与委蛇地跟人称兄道弟、把酒言欢，说一些与自己内心背道而驰的话，而是一种说话方式的调整。当懂得如何调整自己的言辞表达，你就能够更好地与人沟通，从而获得更好的结果。学会高情商说话，你的口才才能够如虎添翼。

所以，从整本书的章节安排来看，学习口才的流程就是先了解什么是好的口才，然后学会怎么训练口才的基本功。有了这个基本功，再围绕聊天的技巧做论述，怎么让自己有话可说，有话可聊。

当前面一系列的能力都掌握之后，最后就来到高级的情商沟通技能，说明情商如何影响我们的说话，又如何提高情商，从而最终提高我们的说话能力。

如果你受够了无话可说的郁闷感，厌倦了自己沉默寡言的痛苦，甚至错失跟心仪的对象聊天的机会，那么这本书，对你提高自己的口才能力，会提供很大的帮助。

希望你看完这本书，从此掌握说话的力量，让自己拥有自如表达的资本。

目　录

第三章　想获得好口才，不要忽视基本功的锻炼

第四章　掌握表达思维，才是好口才的根本能力

第五章　语言组织能力不好，还怎么侃侃而谈

第六章　聊天的方法要正确，你才能成为说话高手

第七章 情商，沟通不能缺少的润滑剂

第一章

不知道什么是好口才，你就无法说好话

1. 会说话的人具有的共同点——四种核心特质

定义一个人"会说话"，是一件非常困难的事情。

因为在某些场合，你可能会滔滔不绝，犹如黄河泛滥一般不可收拾地高谈阔论；然而到了另外一些场合，你也许就变得呆若木鸡，哑口无言，想发表什么观点，脑海却一片空白。

难道我可以说你"不会说话"吗？

当然不行！

但是，会说话的人，尽管不一定在所有场合都能够说出让人耳目一新的长篇大论，可就算让他身处一个不熟悉的场合，面对一些不熟悉的人，他也能够在有必要的时候，敢于用最恰当、最得体的话语来显示出自己的价值，取得某些沟通效果。

以下这些特质，会说话的人大概都会拥有。对比一下，看看自己掌握这些特质没有，然后再有针对性地去改善。

说话口齿清晰、流利

这个是说话的基本功。

一个会说话的人，他说的话肯定能够让人听得清楚，听得明白。如果你说话含含糊糊、中气不足，听的人一头雾水，那么你还是要继续练习好这个基本功。

有这么一个故事：古希腊的雄辩家德摩斯梯尼，他天生口吃，说话含糊不清，年轻的时候想参加当地议会的辩论，但被人嘲笑。他为了改掉自己这个缺点，便含着小石子大声朗读演讲稿、辩论稿，最终成为一名出色的雄辩家。

有一位口才了得的主持人，一次他在大学里演讲，台下有学生问他怎么锻炼口才，他回答说，想要锻炼自己的口才，一些基本功肯定要练好，每时每刻都要让自己有一种说话的欲望。他举例以前看到一些广告牌、商店的名字，甚至是衣服上的标签，他都会念上面的文字，看到就念，念到流利为止。

这样持续锻炼一段时间，你的口腔肌肉就会发生变化，正如你坚持健身，身体就会产生变化一样。

所以，如果现在你说话还不是很流利，容易卡壳，声音细小，那么就从大声朗读开始练起吧，纠正自己这个说话的弱点。

丰富的表达能力

什么叫作表达能力呢？

简单来说，就是能够把你自己的思想恰如其分地传递给受众的一种说话能力，这就是表达能力。

你想的跟你说的不太一样，那你的表达能力就还有欠缺。而会说话的人，通常能够把自己想说的，用正确的言辞通过嘴巴输送出来，而且还不单一。

怎么说呢？

同一个意思，你能够用不同的句式去表达出来吗？

好比赞美一个女生长得漂亮，单纯说你长得漂亮，这是很普通的表达，也没什么问题。但表达能力强的人，通常能够换个法子去表达这个意思。如：

你简直比一百个范冰冰还要好看啊！

如果这个世界有仙女，那么站在我眼前的你，就是其中一个。

长久以来，我都认为身边的女生都长得普普通通，直到我遇上你。

你肯定知道沉鱼落雁、闭月羞花这些成语是形容什么的，但拿它们去形容你，还远远不够。

也许你会觉得这些表达有点做作，会让人听起来有点夸张。但这就说明了，会说话的人，绝对不会局限于一种表达方式。这种说法表达不出自己的意思，或者这么说会让别人觉得听起来不舒服，那他就用其他说法去表达同一个意思，直到对方能够明白、接受。

好比你忘记了 egg 这个单词，你怎么跟外国服务员表达想吃这个东西呢？

It's round and hen's kid.（它是圆的，母鸡的孩子。）

有些人总觉得自己说不出什么有意思的话，就是因为自己无法换个法子说出其他的话，来来去去都说这些句子，大家听起来都没什么意思了。

增强自己的表达能力，你就会变得越来越会说话。

怎么做呢？卡耐基在《语言的突破》一书的最后，给出了相应的学习方法。

林肯背诵莎士比亚名剧中的对话，经常熟读拜伦的诗；英国诗人腾尼逊每天朗读《圣经》……

这些都是给自己的文辞滋润的方法，多从文学作品里学习，积累自己的表达词汇；看到好的词句，多念几遍，复述出来；也多留意别人怎么说话，然后思考他们是如何表达意思的，从而丰富丰富自己的表达。

当然，你也可以系统学习一下修辞学，或者幽默的表达技巧。你会知道，夸张的说话手法怎么运用，暗示的方式又是怎么传递意思的。

稳定的心理素质

对于说话而言，如果你的心理素质不够稳定，那么你就很容易被外界的因素影响到自己的说话。

你有没有试过，你跟朋友聊天，说着说着，你的朋友突然不看你，玩起手机，甚至扭头跟其他人说话，你瞬间被冷在一旁，仿佛自己的阵脚被打乱似的，这时你是不是会感到无所适从、不知所措呢？

因为你大脑预定的情况里面，没有想过会发生这种事情。当这种事真的发生了，你大脑反应不过来，于是你就发愣，陷入尴尬。这时你想继续跟朋友说下去，你也无从入手。

这就是心理素质不够稳定的表现。

而稳定的心理素质，是不会把这些情况当作问题去看待的。要是你的朋友在你说着说着的时候，突然低头玩起手机，不看你，那你就暂时不要跟他说，等到对方处理好自己的事情，你继续若无其事地说下去就行了。

除非你留意到对方对你说的话感到不耐烦，这是情商的表现。

心理素质稳定甚至强大的人，是不容易被外界影响到自己的行事节奏的，因为他觉得自己说出来的话，会有它的价值。而我们平常跟别人聊天，说的那些话好像没那么重要，一旦被中断，我们心里就觉得，继续说下去也没什么意思，于是干脆就不说。

这就是被外界影响到我们的表达欲望。要是我们的父母被别人无故责难，我们找人说理，我们会因为那个人不让我们说，或者会因为那个人不理睬我们，我们就闭嘴吗？

肯定不会！

稳定心理素质的前提，就是你要对自己说出来的话充满信心，很清楚自己说的是什么话，对于自己表达的观点和中心思想非常明晰。说了一半，上完厕所回来，还能接着继续说，否则随便别人一打岔，回过头来，你都不知道自己在说什么了。

所以，要是你连自己说出来的话都觉得没中心、没力量，那你就很容易被外界影响到自己的表达。想一想，要是你站在台上演讲，稍微说一句就听到观众的笑声，然后你就泄气，说不下去，你会有什么感觉呢？对于自己说话的内容，一定要抱有强烈的信心，你说出来肯定有说出来的理由。

稳定的心理素质，就是拥有强大的自我肯定的信心。这一点我会在书中详细说到。

有了这种心理素质，即便你处于一个什么都不懂的场合，可遇到别人找你聊天，你也可以很镇定地回答："不好意思，我对这方面不是很了解，不过在我看来，这个情况应该是这样……不知道我说得对不对呢？"而不是："啊……

呃……这个……"惊愕得说不出话，然后灰溜溜地跑了。

口才的基本功如健身，你的心理素质，也是要做健身的。前者还能待在家里锻炼，后者就需要你走出去锻炼了。

灵活的思维能力

思维，是说话的内核。

你的思维不顺畅，说话自然就不顺畅；你连怎么说都不知道，那就更遑论表达自己的思想了。所以清晰的思维，对于语言的表达会起到非常重要的作用。

那什么样的思维才是好的思维能力呢？

很多现实生活中口才了得的人，他们的思维肯定比不上汪涵、何炅这些专业的主持人，毕竟这些专业的主持人能够经常待在一个充满挑战的环境里面，历练了十几年，而其他人则很少有这样的机会。可是，难道我们这些人就说不好话了吗？不一定。

所以，你的思维能力不一定要锻炼得最好最厉害，要比所有人都强，只要你的思维能力达到一定的程度，满足某些条件就可以了。

这些条件就是，你对于突发状况的应变处理，你对于幽默笑话的掌握，你对于尴尬冷场的解决，等等。

想要满足这些条件，首先你必须拥有我上面讲述的那几项特质，当那些特质你掌握了，那么你再由此锻炼自己的思维能力，也会事半功倍。

例如你话都说得不流利，脑子比嘴巴快，你的思维能力再强也说不出想要说的话；又如你说了上一句，却紧张到不知道说下一句，心理素质不好，那你也很难在这种状态下开动你的脑筋应对冷场。

所以，首先用一段时间锻炼好自己的基本功，打好基础之后，再根据现实生活中遇到的情况，针对性去思考应对办法。

今天你跟女生聊天，她跟你开了句玩笑，你不知道怎么回应，那回到家里，你就该反复思考，当时应该怎么回应才会更好。一定要强迫自己想出完美的答案，因为在私底下，你有足够的时间想出这么完美的回应。

经常去做这样的反省，会让你更好地应对生活中的状况。以前冷场不懂应对，这次意识到冷场气氛尴尬，你就不要等着气氛继续尴尬下去了，赶快说点什么填补这个冷场的空隙吧，随便说点什么也总比沉默好。

平时运用一些方法去训练自己的思维能力，对于提高思维的敏捷度，能够起到很好的辅助作用，诸如词语联想练习、音频日记训练、从笑话中学习等。

其他特质

1. 你读过的书，走过的路，都能够成为你说话的资本。无论任何时候，保持阅读的习惯和主动经历不同的事情，你会比其他人获得更多的谈资。

2. 你的面部表情和肢体语言，一定要懂得配合你的表达。例如你说："他每天都来这里，但今天却没有来，为什么呢？"说"为什么"的时候，你要做出不解和惊讶的表情，皱起眉头，双手摊开。

3. 尽量让自己说话的语气有种活泼的调子，千万不要说得死气沉沉、毫无情绪。观察一下那些主持人，谁说话不是抑扬顿挫呢？灌注热情的态度，是很好的方法。

4. 情商对于说话而言当然很重要，但你必须先会说话，然后才能去发挥你的情商。你情商再高，却不会说话，也只是一个容易被忽略的好朋友而已。

5. 演讲、辩论、谈判等口才技巧，是另一种高级形式的说话能力，涵盖了我们说话时用到的所有技能。如果你有条件，最好学习一点这方面的知识。

6. 见人说人话，见鬼说鬼话，不是让你虚与委蛇地待人，而是你懂得根据当下的人物和场合，调整自己的说话频率，说出符合那种要求的话语，以期取得沟通效果。否则，你对一个小孩子或者老人家"掉书袋"说些之乎者也的话，他们才不会理你。

2. 两种必不可少的口才技术——讲述和回应

会说话的人，通常有两种能力特别突出，就是他的讲述能力和回应能力。

这两种能力交叉运用，贯穿了我们说话时遇到的所有情况。你的讲述能力不好，那么你表达观点的时候，也许就会词不达意、拖泥带水，别人就会听得索然无味、昏昏入睡；而你的回应能力不好，那么你聊天的时候可能就会处于被动，让自己陷入尴尬，从而错失了某些展示自己的机会。

所以口才厉害的人一般都可以自如地运用这两种能力。他们在讲述的时候，也是一种针对环境的回应；他们在回应的时候，也是对于话题的一种讲述。

很多朋友都会觉得，平常跟朋友交谈没问题，就是在一些陌生场合的时候，不知道跟别人说话了。

其实除了心理因素，也跟你对于周围环境或人群的把握程度，缺少了相应的认识有关。而这种把握程度，就是你的讲述和回应能力的基础所在。换言之，你对事物的认识越深刻，你就越容易有话可说。

为什么呢？首先来说说讲述能力。

讲述能力

讲述能力的核心要素，就是你对周围环境，乃至是话题，做出怎样的解读。

例如你身处一个陌生场合，如果你了解到这个场合的人，大概是什么样子的，他们的教育背景、社会地位、性格特质等，那么面对他们的时候，就可以调整自己的谈话方式，用符合当下的话语来应对这个环境和人群，这样就能够做到得体、大方、礼貌。

词语联想，锻炼口才的方法，就可以训练到这种能力。

任何三个不相关的词语，如"礼物、玫瑰花、宇宙"，只要你对这些词语有过自己的解读，那么在你脑海中形成话题，也不是一件难事。

例如我对这三个词语，瞬间组成的话题就是：亲爱的，尽管我无法送给你一些贵重的礼物，唯一能做的，就是给你买来一束玫瑰花作为补偿。但请你相信我，我永远都会爱着你，因为你就是我的整个宇宙。

这就是对这三个词语进行自己的一番解读，然后得出这样一个故事。每个人都可以得出自己的解读。很多人无话可说，或者对别人不知道说什么，就是缺少这种深入解读事物的能力。

这个解读，包含了你的思维、个性、价值观、生活经验或知识见解等。我们跟别人聊天，都要调动这一系列的东西来帮助自己表达观点。只要我们对这件事有过自己的解读，那么我们向别人讲述自己的观点，也就不算难事了。

多开动脑筋，多对身边的事情做出自己的解读，当你这种能力越来越熟练的时候，那么你跟别人交谈的时候，就可以根据当下的情况、当下的人员、当下的环境，来进行一番合适的讲述。这是即兴说话常用的做法。

回应能力

至于回应能力的核心要素，就是你对话题做出何种程度的扩展。

例如别人向你抱怨：每次参加别人婚礼，都不会吃得饱。对于这个话题，你首先有自己的解读，然后就要因应这个解读，来进行话题上的扩展，说出自己的经验或者看法，那么一直聊下去，也不会是什么难事了。

看到差别了吗？

如果说，讲述是你主动去解读周围的人和事来构建话题，那么回应，就是你根据别人给出的材料来进行解读，以此来扩展话题。换言之，你对话题的扩展能力，一部分要基于你的解读能力上，另一部分是基于你如何扩展自己的这种解读。

而这里有一个重点，就是无论你的解读能力还是扩展能力，不一定全都是真实的，可以虚构，可以幻想，当然也可以捏造。

会聊天的人，除了经验、阅历、知识丰富之外，还有一点就是，他可以对话题进行自己的想象。而想象，也是对话题的一种扩展。

众所周知，黄渤的情商、智商都很高，口才很好。记得有次我看到黄渤回应曾志伟开玩笑说他长得丑的视频。在一个晚会上，曾志伟跟黄渤开玩笑说，他之所以做主持不唱歌，是因为顶着一张丑脸在屏幕上唱歌，是很难过的，是黄渤启发了他这样。

而黄渤怎么回应呢？他说："也是，我们是互相鼓励。我小时候也没想干这一行，后来一想，曾志伟这样都能拿影帝，我凭什么不行呢？"

这个回应，显示出黄渤的机智。但他对曾志伟这番话得出自己的解读后，他的回应是不是真的一如他说的那样，小时候没想过干这一行，是看到曾志伟拿了影帝才打算去干的呢？

未必。

也许黄渤是其他原因才去干这一行，但现在针对曾志伟的玩笑，于是黄渤就对这个话题利用想象加以扩展，想象出自己小时候是看了曾志伟拿影帝才打算去做的，然后以此反过来嘲笑曾志伟。也就是说，这一回应，是基于黄渤自己的想象而展开的。

平时我们说话也是如此。我们不可能时时刻刻都要说出真实的话，否则自己没有经历过的事情，岂不是说不出来吗？

这时你的想象力，就很重要了。如果我们懂得利用想象力来扩展这个话题，即便我们没有真正经历过一些事情，我们也会知道怎么回应别人。那么交谈聊天，就很少会出现冷场的情况了。

正如上面我举的例子，参加别人婚礼吃不饱，如果你有过经历，当然可以直接回应别人。如果你没有这个经验，这时你就加以想象，对"吃不饱"进行自己的解读，如人多不好意思夹菜，要忙着祝酒道贺没时间好好吃饭等，对这个话题有自己想象的扩展，那么聊下去，也是很容易的事情了。而学会如何讲故事，就是一个可以培养自己扩展能力的方法。

会说话的人，都懂得适当运用讲述和回应这两种能力。掌握这两种能力，你在生活当中，自然跟别人有话可说了。

3. 影响口才提高的因素——不可或缺的四种能力

提高口才，不仅仅是在口齿上下功夫，其他看不到的地方，也需要付出很大的努力。而正是这些看不到的地方，有可能会影响到你口才的展现。你可以看很多书学习知识，经常锻炼自己的口齿，但如果缺少这些能力的加持，也许你还是说不好话。

这些能力包括什么呢？

积极的内在态度

什么是内在态度？就是你自身对外界所持有的态度。

这个态度，百分之百会影响到你说话所展现出来的效果。

《从 0 到 1》这本书的作者彼得·蒂尔将那些不管经受多少打击，依然能够坚持自己想法朝着自己目标进发的人，称为"明确的乐观者"。

意思就是说，这样的人，会认为未来比现在更好，并且努力去实现这个目标。他们不会想着那些障碍、那些不好的地方。

这样一种内在的态度，就会帮助这些人排除万难，坚持自己的信念，从而让他们最终达到目标。

同样，说话也需要这样一种积极的内在态度。

如果你觉得聊天是一件非常困难的事情，那么你的这种信念形成的内在态度，就会导致你与人聊天的时候，表现得战战兢兢，每一句话的范围只会局限在舒适区里面，例如只会简单说一些"你好""去哪里"这种寒暄的话语，不敢进一步交流，怕说错话。

而那种抱着聊天是一件愉快事情这种心态的人，跟别人聊天，从来都不会害怕尴尬，他会表现得很大方、很热情。

记得有次我从外面回来，碰到住在附近的一个认识的阿姨，我们就站在街上聊了一会儿。其中聊到她的儿子买了新房子，现在搬到城市的新区那边居住。我就问阿姨，旧的房子怎么办？阿姨就说，卖掉了。然后我居然很无知地问了一句，有的赚吗？

我说完才觉得这个问题很白痴，毕竟现今这个年代，哪有房子卖出去还会亏钱的？所以阿姨愣了一下，惊奇地回答，有的赚啊，当然有的赚！

这个时候你说怎么办？

你要是觉得很尴尬，那接下来你就会继续尴尬下去，什么话都聊不成，然后灰溜溜地跑了。但我只是觉得问题问得不好而已，尴尬是有，但不会觉得是个什么大问题。在阿姨说完之后，我就立刻补上："是啊，肯定有的赚的，现在的房价涨得这么厉害，有的赚是很正常的。那赚得多吗？"我就顺着阿姨的回答来答话，我们又回到正常聊天的轨道上。

很多人聊天遇到尴尬，然后就觉得很不爽，于是索性不聊天。问题是假如你能够不当回事地去修补这个尴尬，那谁还能当回事呢？

换言之，只要你没有表现出尴尬的样子，别人也就不会感受到尴尬的情绪。这是我们人的大脑的一种特性。

当然，如果说错话而真的感到尴尬，那怎么修补说错话的问题，就是你内在态度展现的时候。如果你以一种开放、大方的态度去对待它们，那么你就会积极去解决，而不是逃避。

好比你跟朋友批评去参加某某活动的人智商没救了，而刚好你的朋友就是去参加了那个活动。内在态度不好的人，就会想：糟糕了，说错话，怎么办啊？尴尬死了。而内在态度好的人，就会立刻大方反应："不好意思，我不应该这么说。看来不参加那个活动的人，例如我，智商也高不到哪里去！"

大家相视一笑就完事了。这就是积极去解决尴尬，而不是担心尴尬，害怕尴尬而去逃避它，什么话都不说。

并不是每个人都懂得冲破自己内心的障碍，让自己敢于表达的，除非你主动经历这些场合，挑战自己，否则对不起，这种内在态度，说不定会影响到你开口说话。

懂得视情况说什么话

我在书中第一篇文章里面提到，会说话的人都有一些共同特质。

其中我写到表达能力，说赞美一个人，可以用不同的方式去表达一个意思，我列举了一些例子，如"你比一百个范冰冰都漂亮"，"沉鱼落雁、闭月羞花都无法形容你啊"，等等。

也许有读者会觉得，我怎么觉得这样去称赞别人会很尴尬呢？别人听到我这样赞美，肯定会觉得我说话很假。

这里就涉及另一种影响口才的特质，就是根据当下情况来决定你要说出什么样的话。

我举的那些例子，是面对恋人或者好朋友之间的说话方式，而不是一般化的表达用语。我们知道这些话无法跟长辈说，但两口子之间，再肉麻的话说出来也会觉得正常。这就是根据情况、根据对象来调整自己的话语。

同一句玩笑话，你跟小明说与跟小张说，也许会得到不一样的效果。我们为什么说话会小心谨慎？就是因为我们还不清楚说话对象的性格品行，为了避免说出不好的话，我们只能说出一些非常保险的话。

但这个"保险"，并不代表你什么话都不能说，而是你能够根据当下情况来选取适合的表达句式。在我们尊重对方身份和地位的前提下，当你得知小明和小张的不同品性后，再有的放矢去选取适合的表达扩大我们说话的范围，这就是调整。

例如你跟一个陌生人聊天，表示出该有的礼貌和尊重后，突然间，你发现对方很喜欢自嘲，开自己玩笑。这时你就知道对方是一个心胸比较豁达的人，聊天不会存在冲突，那么在这个情况下，你就没必要过分拘谨，适当把礼貌和客套的程度降低，也说一说自己的糗事，让气氛变得融洽一些。

而会说话的人，就是善于抓住这一空隙，调整彼此的交流，尽量打破彼此的隔阂。

如果你没有这种意识，就很难建立起亲密关系。有些男生跟女孩子出去几次了，相处起来还是比较呆滞、僵硬、尴尬的样子，说话的句式还是偏向那种拘谨、呆板的表达，很明显，就是缺乏了这种能力。

所以，刚开始认识的时候，你赞美别人，简单一句真诚的"你好聪明"就足够了；熟悉之后，你去赞美别人，再说"你好聪明"就很单调了。这时你改变一下表达方式，就算赞美他"爱因斯坦都没有你这么聪明啊"，对方也不会觉得你说得假。因为在那种情况、那种关系下说出来，这些赞美话不但能满足对方虚荣心，还能让气氛好起来。

这还怎么会尴尬呢？除非对方本身就不喜欢赞美，不喜欢开玩笑。这又是另一种调整。

千万不要一刀切用同一种说话方式去应对生活的所有情况，你要懂得根据当下的场合和对象的变化来调整固有的表达句式。

主动营造聊天气氛

聊天的气氛，我相信每个人多多少少都感受过。有死板的，有尴尬的，有难受的，有愉悦的，有开心的。

这个聊天气氛，在我们跟别人相处的时候，会通过我们自身或者别人的反应互动产生出来。遇到有趣的人，我们感受的聊天气氛就会很愉快；遇到严肃的人，聊天气氛自然就会难受不适。

我们面对一些位高权重的人时，根据上面那条"视情况而说话"的特质，我们没办法即时营造出适合的聊天范围。但当我们面对的是跟自己差不多层次的人时，我们可以做到吗？

并不是每个人都能够主动去营造聊天气氛，很多时候往往是希望对方去打破冷场，就是抱着"我什么都不做，你都要跟我好好聊天"的心态待人。

当你遇到那些表现不符合你预期的人时，你是不是首先会感到很失望呢？为什么他就是不过来跟我打招呼？为什么我就是错过了跟她聊天的机会？

这就是你没有主动营造聊天气氛的遗憾了。

我曾经因为工作关系，去一个房地产的公司拜访，商量在新楼盘举办摄影活动的事。当我到了那里，接待我的是一个二十岁出头的女生，应该刚毕业不久。她带我去新楼盘的样板房途中，全程很酷，一点聊天的欲望都没有。

换了其他人，我相信不是不愿意跟她继续聊下去，就是对她的服务态度很生气。不过在我看来，她并没有得罪我，也许是某些原因，才导致她展现出这种面貌而已。为了打破这种情况，营造适合的聊天气氛，我就借故问她：

"我可以问你一个非常严肃的问题吗？你可以放心回答我，我不会告诉别人的。"

之所以这样问，就是为了制造悬念，吊起对方胃口，就算对方不想说话，但有了这个悬念的铺垫，一般人都期待你接下来想要问什么。

所以这位女接待员顺理成章地奇怪地看着我，问："是什么问题呢？"

我用轻快的语气说："从我跟你接触开始，你就一直闷闷不乐，板着脸。说！是不是因为这里的工资太少，让你郁闷得不想活了？"

然后她笑了，说不是，平时都习惯这样子而已。我就顺势回应，开玩笑说："幸好我脸皮厚，你没有吓跑我，否则你们老板就失去一桩生意了！其实你笑起来很好看啊，经常笑笑肯定很好！"

后来这位女接待员，就很愉快地跟我介绍楼盘的格局，我们也聊了很多。

那么，换了其他人这样做，他们会不会觉得很尴尬呢？或者觉得这样开玩笑是幼稚呢？也许会，我不敢否认。

如果你无法结合上面那些特质去说话，你想摆脱这种尴尬就很难了。

合适的说话姿态

怎么开玩笑才可以不像个小丑？首先你表现出来的姿态，不能是个小丑。

遇到聊天突发状况怎么才不会表现出尴尬？首先你表现出来的姿态，不能是尴尬。

怎么赞美别人，才不会给人虚假的感觉？首先你表现出来的姿态，不能是虚假。

一个虚伪的人，就算赞美你一句"你好漂亮"，而不是"你简直比十个范冰冰还要漂亮"，你一样会觉得对方虚假。

但一个平时给人感觉很真诚的人，偶尔夸张地称赞你"在我眼中，迪丽热巴都比不上你这么漂亮啊"，别人也不会认为他假得油嘴滑舌。

同样，你开玩笑的时候是那种温文尔雅的姿态，而不是那种挤眉弄眼、嬉皮笑脸的姿态，你开的玩笑就不会给人像个小丑。

为什么黄渤开玩笑，没有人觉得他像个小丑呢？因为他表现出来的姿态，根本不是小丑模样，而是大方、得体、斯文。

所以，如果你经常觉得说这些话那些话很容易尴尬，你就要想想，是不是你就是一个很容易表现出尴尬姿态的人？

如果你觉得自己经常开玩笑，给人感觉是一个小丑，你就要想想，你的行为举止是不是给人不庄重、不成熟的姿态？就算你想做一个小丑的样子逗人笑，也是建立在别人知道你是在"演"的基础上，而不是你平时就是这个样子。

如果你平时说话很容易给人虚假的感觉，你就要想一想，你是不是没有表现出足够的真诚姿态呢？

这些姿态，你可以伪装，也可以发自内心地表现出来。我可以启发你怎么做，但真的，我无法一手一脚地教会你。

这些东西的掌握，你只能靠自己，谁都帮不了。

所以，想要提高口才，除了技能的锻炼，自身思维上、反应上和心态上的锻炼，也应该同等对待。如果你不解决这些问题，就算再努力锻炼口才，也会影响到你发挥口才的能力。

至于如何锻炼并获得这些能力，在接下来的章节里，我会一一详细讲解。

4. 掌握好口才的指标——清楚表达的四个标准

俗话说：说不清，道自然不明。

清楚表达自己，本身就是一种自我素质的体现。这就要求你做到好像工程师造汽车那样，在熟悉汽车图纸的情况下进行操作。毕竟工程师（我们），需要把制造汽车用到的材料（语言词汇）思考周全，才能够把一辆汽车（思想）造出来。

也就是说，当众说话中的词汇和句子，就是摆在讲话面前的材料，他在用这些之前，就已经知道它们应该出现在哪里，出现的数量又是多少。

如果在你说话的时候不能清楚地表达自己，从而闹出种种误会，这些都是我们对语言把握不准确造成的后果。

例如我相信很多人应该都有过被陌生人问路的经历。尽管现在这个时代有导航的帮助，但有时最终地点都免不了会出现偏差。某团的外卖员送外卖到我家时，就因为经常找不到我家的具体位置，需要打电话来询问我。

我之前就事无巨细地指导对方，从哪里走，从哪里拐弯，走出来，又怎么左转右转。但这样说只会让对方听得更加晕头转向。

后来我就换了一个说法，就跟对方说一栋大的较为醒目的大厦，对方很容易知道。这时再说这栋大厦对着的某座小的大楼，而那座大楼旁边那条街道，就是我家的街道。只要对方找到那里，通常能够找到我家，不用我下楼。

良好的表达，能够提高人与人之间交流的流畅性，不但节省时间，还能让事情或工作更容易获得想要的结果。

所以为了加强我们的语言表达效果，我们就要像工程师制造汽车那样，掌握一定的规则。

注意用词的准确性

一辆汽车需要用到哪些材料，工程师一看图纸就会知道。我们当众说话前也需要给自己这样的一张"图纸"，然后根据需要选取所需的词句。只有准确地用词，才能在你说话的时候，清楚地把心里的意思传达给听众。

所以平时练习说话，应该注意词语的积累，明白每个词语的内涵和外延，把握它们的准确意思，建立属于自己的语言仓库。

有这么一个故事：一个暴发户到学校做演讲，为了表现自己的个性，他讲话的时候总是故意使用一些毫无逻辑的词语。

他说："今天是什么天气？今天是讲话的天气。听课的都来齐了吧？看样子'五分之十'都到齐了。没来的举一下手，很好，都到齐了！你们来得很'旺盛'，鄙人对此非常'感冒'……"

本来想用一些特别的词语来表达自己的独特，可是这样说既不能表达自己的意思，也让人听得一头雾水。如果他换另一种方式表达，效果就会好得多。如：

"今天天气不错，很适合演讲！看到台下的同学们坐得密密麻麻，想必要来的都到了。大家这么热情来听我演讲，我十分感谢……"

这样表达，传递出来的意思就能够清晰而准确。然后接下去再说正题，听众自然就能够接受了。

口才小建议

*思路清晰的讲话很重要，你要清楚地知道自己表达内容的顺序和目的。

*说话最好避免大话、空话、假话、套话和废话的出现，能不说就不说。

*表达一些形象性的东西，就要选用恰当的语句，最好用比喻等修辞方式，用对方熟悉的东西来辅助表达。

*说话前首先要弄清楚词语的准确含义，不能"望词生义"。

注意说话的通顺性

制造汽车一定要按照顺序进行，从车架开始建起，再到其他部件的组合、安装、喷漆等，一步一步。同样，我们说话的时候，也要按照一定的顺序。

首先说话一定要做到语句通顺，这样表达的意思才能够流畅地传递给听众。在练习表达通顺性的时候，掌握一定的语法规律和语言逻辑性是非常重要的。有顺序的表达，才能更好地传情达意。

有这么一个笑话：一个村干部在卫生教育动员大会上这样说："只有大家动手搞卫生，我们的健康和疾病才能够有保障！"

这位村干部的本意，是想告诉大家搞好卫生，健康才能够得到保障，疾病才能够远离。可是他说的时候，并没有注意意思表达上的通顺性，把两个相互矛盾的词放在一起，犯了逻辑上的错误，形成了病句。

所以说话的时候，我们千万不要前言不搭后语，说了这句话，忘了那句，要注意句子的完整性和逻辑性。

而且词语之间的搭配也要注意，例如"阳光"这个词语，用来说"你的性格很阳光"就很好，但如果用来说"你做事很阳光"就不恰当了，换成"积极"就会更好。平时多留心各个词语间的搭配，你的表达就会更加严密清晰。

尽量简洁地表达意思

制造汽车的技术熟练了，速度自然也会加快。人们说话最忌讳的就是拖拖拉拉、词不达意，明明两分钟可以说完的事，偏偏拉到十分钟。这样说话，只会让听众觉得累。所以任何时候，在表达上一定要注意简明扼要。

正如欧阳修的那个故事，有次他和学生们在酒楼喝酒，忽然看到窗外一匹飞奔的骏马把路边的一条黄狗给踩死了。其中一个学生就摇头晃脑地说："劣马正飞奔，黄犬卧通途。马从犬身践，犬死在通途。"另一个学生见此，于是想了一下接着说道："有马过通途。逸马踏而过之。"

这时，欧阳修只是淡淡说一句："逸马毙犬于途。"

虽然三个人说的是同一件事，却只有欧阳修说得最简洁，也最容易听懂。可见用简洁的语句表达意思，是多么重要的一件事。下一次，当你听不懂对方说的话时，应该打断对方，训斥一句：说人话！

我相信对方会表达得更精简。

口才小建议

*加强语言准确性的训练，多做描述练习。例如看到一样东西，经常想象怎么描述出来才能让听众更易明白。

*说话的时候要抓住重点、突出中心，无关痛痒或者不是重要的事情，简略或者一笔带过就行。

*长话短说，重点先行，避免啰唆。

明确说话的目的

汽车开始制造的时候，就要告诉别人造出来的样子。我们说话之前，同样也要知道自己说话的目的是什么。围绕明确而清晰的目的去说话，这样才能够让自己说出来的话，清楚地传递出想表达的意思。

例如，一个书商知道某著名作家要到他的书店，于是事先告诉售货员把畅销书架上的其他的书都拿走，架子上只放这位作家的书。当作家来到书店，看到架子上都是自己的书，就问售货员："别人的书都到哪里去了？"

售货员一时不知道怎么回答，就说："别人的都卖完了。"作家顿时觉得自己的书成了唯一的滞销品，很无奈地离开了。

书商本来想巴结这位作家，才自作主张把其他书拿走，然后把他的书放在畅销书的架子上。没想到店员的一句话，让整个意思都变了个样。这就是说的话跟自己的想法没有形成统一，无法明确说话目的而造成的后果。

所以讲话之前，必须先明确谈话的目的，再确定谈话的主题。要不然就好像车辆那样失去方向，不会顺利到达目的地。

优秀的工程师对汽车的制造都是了如指掌，因为他已经设计过无数的车辆。想要清楚地表达自己的意思，你就要在每次讲话之前告诉自己，你说这句话到底是为什么，怎么做才能达到目的，然后坚持练习。这样子练习，你才能够成为说话上的工程师。

口才小建议

*知道自己说出的话是想要达到什么样的目的，是说服别人、安慰别人，还是开启话题？

*准备和讲话目的相符合的言辞。跟老人家讲话，就不要用过于文艺或者网络性语言；跟长辈聊天，就不要嘻嘻哈哈，用词不能轻浮随意。

*在讲话的过程中，时刻提醒自己要将这种目的融入其中，一旦偏离，即时纠正。

5. 口才并不是万能的——坦然面对口才的各种困境

前面说了这么多，似乎我都在告诉大家一个道理：

提高你的口才能力，你就能够拥抱全世界。

那是不是真的这样呢？

如果我说这是真的，请相信我，我肯定是那些传销组织的人，希望借此让大家报名交费跟我学习，每个课程只需 199 元，学了保证你人生得意、事业高升。

但我没有。

这么多年来读过这么多书，看过这么多电影，遇到这么多事，我一直都在思考一个问题：是不是拥有好的口才，人生就能够扶摇直上，然后从此达到巅峰，迎娶白富美？

我想说，其实口才这种能力，有时真的一点用都没有。

看过一部电影，就是《复仇者联盟》里面那个黑人局长的扮演者塞缪尔·杰克逊，以及《纸牌屋》里面的国会议员的扮演者凯文·史派西主演的悬疑动作片《王牌保镖》。

这部电影说的就是塞缪尔·杰克逊扮演的谈判专家，被人诬陷入狱，迫不得已，他只好挟持人质，然后通过凯文·史派西扮演的另一个陌生的谈判专家的帮忙，相互解救从而沉冤得雪的故事。

其中有一幕，在凯文·史派西出场那个片段，他的女儿和老婆因为穿衣打扮的问题互闹矛盾，隔门相骂。作为中间人，男主角无论如何协调商量，母女二人依然不依不饶，各不相让。

然后凯文·史派西就很无奈地感慨："我可以说服歹徒把枪从人质的头上移开，解救几十个身陷险境的同僚，现在却居然不能说服老婆走出这个房门，让女儿放下电话。"

是的，就如谈判专家这么厉害的角色，不是一样对于自己的老婆和孩子一点办法也没有吗？

或许有人说，家不是讲道理的地方，是讲爱的地方。可是为什么有些人明明很爱另一半，经常"谈"情"说"爱，却总是矛盾不断呢？不是已经跟对方"讲爱"了吗？

口才就是这么没用。

之前网上有一个很火的事件，在某个求职节目里，一个销售冠军在众多老板面前，讲述自己最辉煌的一件事，就是把一个价值 5500 多元的情商培训课程，卖给了一位月薪仅有 2000 多元的环卫工。

全场老板听到他这么说后，都纷纷灭了灯。

为什么一个销售能力这么强，口才这么厉害的人，却依然没办法说服老板们接受他的行为呢？按理说，他完全可以凭借自己的说话能力，让大家对他刮目相看啊！

但结果没有。

当他用一个看似辉煌却欠妥当的例子来表现自己的时候，这些老板就觉得这个人不堪重用了。这时，你口才再厉害又怎样，还不是被刷下来？

这样的口才真的没什么用。

它不能让世界和平，不能让心仪的人爱上自己，不能说服老板立刻给你升职加薪，甚至情侣之间闹矛盾，口才也不能让他们的关系变得"人生若只如初见"。口才对于人生里面很多事情，能够起到的作用真的太少太少了。

既然如此，那我们为什么要学习口才呢？学来有什么实质性的帮助？

没办法，因为说话能力，是我们通往解决问题终点的第一步。没有这一步，终极问题就很难完美解决。

好比你可以埋头闭门造车，但如果你想让这个产品获得更多人的青睐，你就必须通过说话来广泛宣传，让更多的人知道。

可惜，这仅仅是第一步。有了这一步，不一定就会完美解决问题。

曾经有一个读者私信找我。他说，自从半年前看了我的文章后，他几乎每天都坚持锻炼自己的口才，所有能用来锻炼的方法也都用了。原本以为经过半年的锻炼，自己的说话能力肯定大幅提高。

可没想到就在不久前，他辛苦了一个星期的方案策划被主管否定。他觉得原因肯定是之前彼此之间的过节儿，才导致这样。于是他就越级直接跟老板汇报这个问题，说出自己的见解，以期获得老板的认同。这样就算主管不同意，也能够顺利推行自己这个方案。

可惜结果是，老板非但没有让他把话说完，却反过来批评他。最后主管知道这件事后，责骂了他一顿，让他很受委屈。

这位读者疑惑，明明自己这份方案做得很用心，也符合客户的要求，为什么会得到这样的结果呢？是不是因为自己的口才还不够好，他们才不愿意听自己的话呢？

我说，每家公司都有每家公司的规矩，每个老板的处事方式也不尽相同。公司内部的权力斗争，都会根据公司自身的文化而决定了以什么方式呈现出来。

但这些都不是问题，最大的问题是，你以为通过自己的口才就能够改变这个局面，这才是非常不明智的想法。

无论你的方案做得多么好，主管不认可你，这是很正常的事；老板不听你说，也是很正常的事。你自身的价值，决定了你说出来的话会有多少分量。

因为，人微言轻。

尽管这位读者已经踏出了第一步跟老板商量，但也仅仅是踏出第一步，剩下的问题，口才帮不了他。一个人口才再厉害，如果自身没有价值，那他说出来的话，也如同丢到地上的纸巾一样，很难让别人觉得有用处。

那怎么办？这就是学习口才带来的结果吗？既然如此，那我们为什么还要学习呢？

其实，我们学习口才的目的主要是与他人好好沟通，获得双赢。而双赢，就是双方都对结果感到很满意。当然，这个世界很难有两全其美的事情。如果一方觉得满意，肯定是另一方有所迁就和谦让。

沟通中的双赢，只是双方对所有满意结果折中的举措。如果可以，谁不想要求更多呢？也就是说，你口才再厉害，假如不懂得折中，不懂得退让一步，结果也是没用。

双赢，不仅仅是一方懂得折中，也要对方懂得折中。两个人都倔强，谁也说服不了谁，两个人都会失望。一个人退让，那么这个人终有一天会心累的。摊牌之后，谁都不会有好处。

但人与人之间哪有这么多计较呢？

所以到了最后，懂得沟通的人，不是因为他能够把事情完美解决，而是他懂得从源头就将矛盾的火苗熄灭。看到你生气，二话不说就低头认错；看到你不满意，就立刻送一份大礼补偿；看到你担心，就立刻给予拥抱安慰你。

这就是所谓沟通中，双赢的折中办法。不是你主动迁就，就是我主动退让。这也许不是最满意的结果，顶多算是最合适的结果。

可惜不是每个人都懂得沟通，不是每个人都懂得退让，而人性却是贪得无厌，你退让一次，别人就希望你退让第二次。美国从不向恐怖主义屈服，因为一旦开了这个头，以后威胁的事情就会层出不穷。而我们的口才，却又很难改变别人。

这就是口才的困境。

对于这类事情，我们的口才往往就是这样无能为力。只不过有时候我们主动调整了一下说话方式，才让大家觉得这个问题好像看上去解决了。其实核心问题，依旧没解决。

口才如果仅仅拿来做单纯的沟通交流，一切都很好；倘若拿来解决问题，有时就会陷入各种困境当中。可没办法，这就是这个世界的游戏模式。

我们学习口才，就是学习怎么按照这种游戏模式顺利前行。我们对现实，总会有失望的时候；在改变不了别人的时候，我们只能牺牲自己。为了大局，我们不得不这样接受现实，因为我们并没有更好的解决办法。

但是，我依然希望大家都积极学习口才，提高自己的沟通能力。毕竟它始终是解决所有问题的第一步，而且它确实能够解决某些事情，不尝试一下，我们都不会知道结果。

正如《王牌保镖》这部电影里面，两个谈判专家的口才，就推动了剧情朝着正面的方向发展。他们很多时候交谈，都是话中有话，充满技巧。他们从陌生敌对的关系，直到在电影最后打倒反派，变成惺惺相惜的友情，口才在当中起到的作用，不能说没有用处。这个结果，当然是我们学习口才后最期盼的结果。

只是，我们也不应该对口才抱有太多的不切实际的幻想，以为拥有了好口才就万事大吉。同时也要知道，支撑我们运用口才这些所谓的说话技巧的，不是你把嘴皮子锻炼得多么厉害，而是你的为人品性；看你有没有一颗懂得双赢，也就是懂得折中的心。

有的话，既一定程度上表达了自己的想法，也能够满足对方的心理，你的人生就会更顺利；如果没有，只顾自己爽，既不主动投入交谈，又不顾及他人感受，好像那个被灭灯的销售员一样，那么你的生活说不定就会陷入焦头烂额的状态。

口才就是这么奇怪。你学得好，对于某些事情还是无能为力；可如果我们运用得不好，我们很可能会惹祸上身，祸从口出。

但如我所说的那样，这就是这个世界的游戏模式。玩不玩，玩得好不好，怎么玩，统统由你自己决定。

如果你决定好了，那么接下来的章节，正式投入学习口才的世界里吧！

第二章

提升心理素质，说话才能胸有成竹

1. 缺乏开口的信心——克服自卑才至关重要

很多人不敢开口说话，不是因为没有能力，而是因为缺乏自信，有自卑心理。

尽管自信不是万能的，但是没有自信却是万万不能的。如果我们大凡做什么事，都朝着坏的方向去想，请相信我，就算是一件好事，也会被你弄得好像做成坏事一样。

对自己充满自信的人，一般都能够正确处理自己的生活。

从买衣服到谈情说爱，他们都会懂得掌握分寸、知道取舍，不会受不相关的因素困扰，用最恰当的方式与这个世界相处。而这，就是良好心态的根基。

那么为什么自卑的人，很难与人建立进一步的关系呢？

其原因就是缺乏自信。在日常生活中，他们即便在路上碰到熟人，也会怕羞得故意躲避；一旦在大庭广众讲话，他们就会脸红僵硬、不知所措。

造成他们这个样子的原因，就是孩提时期，家庭的教育，如父母没有给予他们恰当的奖励，反而经常打击他们做事，慢慢摧毁了他们应有的自信心，最终导致他们的心理越来越趋向自卑。

正是这种自卑心理，让他们过多地约束和拘谨自己，从而难以跟他人建立亲密关系。这种性格特质，很容易阻碍工作、学习和正常的人际交往。

尽管随着年龄的增长和阅历的增多，自卑的心理会逐渐减轻，但如果我们不主动去解决这个问题，单靠时间的因素，需要花费很大的力气才能够改变这一状况。

所以从现在开始，意识到自己有这种性格特质之后，要主动去锻炼改变，你自身的能力才能够发挥出来。

要做到这样，自然就要主动去实践，锻炼自己。怎么锻炼呢？以下是我的建议。

（1）不要害怕别人的议论。

自卑的人，最怕别人议论自己。

生怕自己做错一样，稍微一点评价就承受不起。他们最怕别人否定自己。于是与人相处的时候，永远都是一副战战兢兢的样子。然而越是害怕，越是蜷缩自己，别人就会越容易给予负面评价，然后形成恶性循环。

其实，被人评论是再正常不过的事情了，我们真的不必看重。

有时一些否定的评价，说不定还能成为激励我们干大事的动力。化悲愤为力量，学会自己鼓励自己，把外界的因素不要看得太重，轻松上路，我们就会很容易展示自己的能力了。

（2）经常练习。

开始可以先在熟人的范围里多多发言，然后就在熟人比生人多的场合里练习，再慢慢发展到生人多而熟人少的场合里讲话，循序渐进，逐渐增加对外界的抗压力。

每到一个新场合，事先做好准备，主动了解将会交谈的对象和设想一下可能遇到的情况，给自己想出各种开场白和聊天话题。

心里有底自然就会增强信心，你也因此充满勇气了。

（3）学会大胆的行动方式。

自卑的同义词，就是胆怯。你越胆怯，就越容易陷入自卑的情绪当中，无法抽离。

所以，每到一个陌生的场合时，你都要大胆行动起来，把对方看作一个熟人，甚至是"不如自己"的人，你的自卑心理就会减轻不少了。当你敢于开口说出第一句话后，接下来你就可以说第二句、第三句话了。

只要不要过分担心别人的反应，勇于表现自己，你肯定能够流利地说出想说的话。

勇敢地对胆怯说"不"，并且在实践中克服它，你就会走出自卑的困扰，成为落落大方的人。长此以往，你就不再担心身处陌生的场合里了。

除此之外，在日常生活中甚至私底下，你还要刻意提高自己的自信心。

我这里可以提供几个法则：

（1）跳出与人比较的模式，去与自己比较。

做到这一点的确需要一点时间，毕竟我们从小到大都在跟别人比较中长大，比成绩，比家境，比玩具，比衣着。

尽管如此，我们还是可以跟自己比较的。今天做成一件事，你就比昨天的你进步一些；明天达到一个目标，你就比今天的自己强大了一点。

每天都在进步，你就会发现，自己会越来越好了。

（2）写下你身上的优点。

自卑内向的人，一般会过分关注自己的缺点，反而会忽略自己身上的优点，以致这么多年来，都习惯性想不起自己的优点了。

所以从现在起，找时间写一写自己的优点，操作电脑比设计更得心应手，那么玩电脑就是你的优点。如果你不满意这个优点，那么你可以去培养其他的兴趣。

总之，有优点，就记下；没有优点的，就培养一个。找出自己喜欢和感兴趣的事，我相信你一定可以把它们做成你的优点。

（3）把每天自己完成的事情记下来。

例如今天写完了一篇文章，你就记下来，给自己一个勤奋的评价；在与人交往的时候，发现自己说话还不到位，又给自己一个评价，然后在需要改进和欠缺的方面，写下提高的任务。

好比你今天不满意自己跟别人说不到三句话，那么你就要写下，明天碰到谁，也要说出三句话，慢慢让自己改进和成长。

千万不能心急，抱着一蹴而就的想法。因为不积跬步，何以致千里呢？

（4）正确地评价自己，不卑不亢。

不要说不利于自己能力发挥的话，有些事情，不是你做不来，而是你没有兴趣、没有去学才不会做而已，并不是你能力的问题。

只要你有投入，自然就会有产出，或多或少的区别而已。

所以当你在一件事上，没办法做到的时候，先问一问自己，到底是什么原因造成的？客观因素，还是主观因素？千万不要把所有责任都推给自己。

正如有时候你很热情地跟别人打招呼，别人不理你，那不是你的问题，是对方而已。

（5）穿一些让你感到信心满满的服装。

人靠衣装。一个人的外表，对人的自信心会产生很大的影响。如果你觉得这件衣服的剪裁让你穿上去很俗气，那么就买一件让你穿上去很高雅的衣服。

适当打扮自己，把自己的精神面貌弄得好看些，当你感到舒心了，你自然自信了。

（6）从肢体语言上表现出自信的姿态。

你的心理状况会反映在你的行为上，但反过来，你的行为也可以影响你的心理状况。

例如用热情大方的声音跟别人聊天，不要畏畏缩缩地说话，你越是这样做，你的自信心就越会集聚起来。

平常与人交谈，一定要做出信心满满的感觉，不论是行为举止，还是言谈说话，千万不要从中透露出一丁点不自信的信息。如果你意识到自己无意中说出那些负面的话，就要立刻修正。

总之，你走出来的样子，一定要昂首挺胸，用行动来改变心态。

当你能够做到这些，培养出自己的自信心，那么你与人聊天的时候，肯定也会做到侃侃而谈，举手投足都散发出淡定舒适的气质。不管对于自己或者聊天对象，都会因此而获得一次美妙的交谈时光。

2. 害羞让你不敢开口——八条小建议让你轻松克服

你是不是一个很害羞的人呢？

如果是，这种害羞有没有影响到你的日常社交呢？

有些人很容易害羞，不管是跟别人聊天，还是去见朋友，很简单的场合都让自己觉得不好意思，然后渴望逃避现场。这样的害羞，已经影响到你与他人进一步建立深层情感了。

根据斯坦福大学曾经做过的一次调查，在随机抽样的一万多名成年人当中，大约有40%的人有不同程度的害羞心理，男女数量基本持平。

换言之，不管你年纪多大，我们每个人多多少少都有着某种程度的羞怯心理，只不过有些人表现得更为严重，影响到正常的工作和生活，这时才需要特别注意。

害羞心理的产生，一般有三个方面：

第一，由于青春期的生理变化，从而引起自身感应性的反应。人在青春期，无论生理还是心理都发育得最旺盛，激素分泌开始增多，外界的刺激会打破体内的平衡，导致我们很容易就变得紧张和胆怯。脸红、冒汗、心慌等症状，都属于这种感应性的反应。

第二，自卑心理造成。容易害羞的人，往往都属于不怎么自信的人，特别害怕把自己暴露在人群之中，觉得自己什么都不行，没能力，害怕说错话、做错事，于是就慢慢形成了胆小羞怯的心理。

第三，被成长的环境所影响。如果一个人在成长的过程当中，诸如童年时期或者少年时期，曾经受到过他人的责骂、嘲笑、批评甚至戏弄，心里就会形成阴影，以后进入类似的环境或者陌生的环境的时候，潜意识就会启动自我保护机制，用一种较为低调隐蔽的姿态，从环境当中"隐身"起来，免得被别人发现，而受到伤害。

所以，克服害羞的心理，你才能够接触到更广阔的世界，让自己更加勇敢地去把握值得把握的人和事。

那到底应该怎么彻底克服呢？

这里有八条小建议，可以帮助你摆脱害羞。

（1）不要忽略潜意识的影响。

美国汽车大王亨利·福特说过一句话：无论你认为自己行还是不行，你都绝对是正确的。

这句话是什么意思呢？

就是说，你一直想着自己是什么，你自己就以想着的那样子去行动。一个运动员，上场之前不断跟自己说"我一定比不过其他人"，"我一定不会拿到奖牌"，"我这么差一定会做不好"，那么其结果，大脑就无法发挥出它应有的能力，就无法赢得比赛。

为什么很多人容易脸红？就是已经习惯在心里给自己暗示"我没有足够自信"，"我肯定演砸"，"做不好肯定会被取笑"等，于是当不好的情况一旦出现，手足无措之下，自然就脸红起来了。

长期积累下来的心理暗示，让潜意识已经默认你的害羞表现，不管外界是什么情况，你都没有采取正确的姿态去应对，最终身处任何场合，你都表现出害羞的症状。你就是你自己所认为的那样子。

所以，克服害羞，你就要用一个新的姿态去面对生活。除了每天给自己一些积极的心理暗示，鼓励自己，你还需要想象自己，能够以一种自信大胆的样子去与他人社交。在脑海中给自己塑造出一个不害羞的样子，然后用自信、正确的行动去表现出来。

只有这样，你才能够慢慢摆脱害羞。

（2）选择跟积极的人待在一起。

你经常待在一个充满负面语言的环境当中，你想克服害羞，是一件很困难的事情。因为你还没开始，别人的语言就已经打败了你。

相反，假如你跟一些积极向上的人待在一起，那么在他们正面的态度感染之下，你也会因此放开自己。

而且，一些心态积极的人，会带领你走出固有的生活范围，让你感受更广阔的世界，接触不同的人和事。当你的心胸因此慢慢开阔起来，不再自我封闭，你害羞的思想也就会慢慢消失。

选择一个好的生活范围，交往一些好的朋友，会让你更快地摆脱害羞。

当然，并不是每个人都有这样的条件去认识新的朋友。所以，学会扩大你的生活范围，就是让你成长的最好选择。

（3）扩大你的生活范围。

重复留在固有范围里面，你很难让自己快速成长起来。

相反，假如你能够做一些陌生的事情，一些你之前从未做过的事情（前提是好事），挑战一下自己，你就有了面对不同环境的底气，你也就不会容易感到害羞了。

例如你不会开车，然后去驾校学习驾驶，当你经历了这个过程，你就积累了很多不同的新鲜经历。这些经历，在某些时候说不定就给你提供意想不到的帮助。

把自己局限在一个狭小的范围里面生活，你的世界就只有井底看到的天空这么大。当生活被限制在一个小范围里，到头来你就什么事都不敢去做了，反而会加重你的害羞。

所以，如果你待在一个新的地方，做一些陌生的事，感觉不太舒服，没关系，尽量去感受这种感觉，体会它带给你的"酸甜苦辣"。

这种让你感到不舒服、不自在的感觉，就是你成长的助燃剂。这是一种对自己的挑战，克服它，你就获得成长。

（4）比之前的做法多做一步。

俗话说，欲速则不达。

适应一个新的环境，结交一些新的朋友，并不会一下子就让你摆脱害羞，你需要一步一步去改变。

现在让你走进一个新的环境里，或者一下子让你在 100 个人面前侃侃而谈，相信对你来说肯定是一件很困难的事情。但这并不代表你不能去做。你可以从身边那些接触到的环境和人入手锻炼。这个锻炼，你只需要多做一步就好。

例如你以前吃饭，只点了自己喜欢吃的菜，从来没有问过服务员有什么好吃的。那么现在，你就多做一步，详细问一问餐厅的服务员，比较好吃的有哪些，以此来开始锻炼自己的胆量。

或者之前你拿快递，拿完就算了。而现在，你就多做一步，刻意询问对方，寄快件方面的操作和流程，或者关心一下对方工作的辛苦程度等，都是一种不错的锻炼方式。

也就是说，把你以前不曾做过的事情，先迈开一步去做。你不用做得太多，只需要比你曾经固定的做法多做一步、多走一步就行了。

有了这一步，你就随之得到相应的感受。当你知道这个感受并不会带给你什么不好的结果，你就可以继续多做两步、三步，甚至很多步了。

（5）事情并没有你想象的那么严重。

害羞的人，通常都是一个想象力丰富的人。无论跟谁说话，或者去做些什么事，总会把事情想象得很严重。

问自己一个问题，你跟别人聊天，一旦聊得不好，最严重的后果是什么？别人会杀了你吗？还是会广而告之地取笑你？

并没有。

除非你说了一些不尊重他人的话语，做了一些不符合常理的事情，那么别人才有可能拿起手机把你的囧样拍下来。否则，别人压根不会记住你不好的表现。

这也说明，只要你对别人保持一个尊重的态度，行为举止符合常理，那么无论你怎么说，怎么开玩笑，都不会有什么不好的后果；说不定，你这种放开怀抱的做法，会更容易跟别人打成一片。

（6）清除以自我为中心的思想。

害羞的人，某种程度上心里都是非常自傲的，因为他们会过分关注自己，而忽略了应该怎么跟外界保持良好的关系。

自信的人，会更关注自己和外界如何形成良好的互动，而害羞或者自卑的人，却更关注自己会怎么表现，到底是以一个完美的形象示人，还是应该保持沉默，少说话，免得露馅呢？这是他们想得最多的事情。

想一想，如果你是一个容易害羞的人，是不是经常以自我为中心呢？时时刻刻都在心里问自己：万一别人不喜欢我怎么办？我应该怎么做，才能引起别人的关注呢？我这么好，怎么就被别人忽略了？

你以为坐在角落，什么都不说，什么都不做，就会像明星那样获得别人的关注吗？然后别人没有理你，你就抱怨自己被别人忽略了。你是谁呢？有这么大牌吗？

这就是以自我为中心了。

不要把自己太当回事。最好的做法，就是主动打招呼，主动跟别人聊天，主动表现自己。只有这样，你才会忘记自己的害羞，建立正确的心态。

（7）学会一个人面对生活。

害羞的人，很容易有人群恐惧症。人稍微一多，就浑身不对劲了，恨不得立刻逃离现场。所以他们宁愿待在家里，哪里也不去，什么事也不去做。

问题是，这样的自己，压根不会有机会克服害羞。

试着一个人外出。一个人去饭馆吃饭，一个人去看电影，一个人去购物。自信的人，大多都敢于独来独往地做事。

不要担心你一个人外出会被别人怎么看，放心，你不是名人，没有人会关注你的，做好自己的事情，该怎样就怎样，一切顺其自然就行了。

（8）保持阅读的习惯。

读书可以增长我们的认知，提高我们的能力，这也是一种克服害羞的好途径。

从书籍当中汲取养分，弥补生活上无法接触的部分，你就能够增强自己的信心。无论是什么类型的书，找到感兴趣的范畴，然后认真学习，你的思想、看法、态度，都会潜移默化地发生改变。

尤其阅读一些关于如何提高自信心的书籍，或者读一些能够让你深入了解自己心理和思想的著作，你会更加客观地评价自己，从而克服害羞心理。

尽管克服害羞需要一定的时间，但你依然可以做到，也能够做好。它需要你的社交技巧，正确的态度，良好的精神状态。变得自信与豁达会使你的生活比现在好得很多，现在就去行动吧，不要拖延！

3. 说话怯场怎么办——教你如何克服焦虑感

很多口才不好的人，在开口之前，往往会有一种不敢说话的压抑感。

这种心理，会影响到说话者与受众交流时的流畅性、自然性和参与性；严重的话，甚至还会让他们有种想立刻逃避现场的冲动。

这就是怯场了。

怯场的心理，说得好听，就是他们的性格比较害羞；说得不好听，这样的人多数具有社交恐惧症。

而社交恐惧症的源头，往往就来自我们人类天性的焦虑心理。

我们为什么会有社交焦虑？

我们人类，是由两种进化方式形成的产物。

生物进化，让我们拥有现在的直立行走的身体和强于其他物种的大脑；而文化进化，则让我们人类学会如何感知、思考并与他人进行互动。

在人类漫长的进化演变过程当中，对陌生的事物感到焦虑，是我们保护自身和族群的一种警戒信号。

早期的人类，社交圈十分狭窄，他们的活动范围仅限于熟悉的狩猎环境或共同协作的族群团体。一旦外界有什么风吹草动，好比是遇到猛兽，或者被其他陌生的族群入侵占据领地，这种警惕心理，就会提醒他们采取相应的应对措施。

尽管发展到现今时代，我们已经身处一个安全的文明社会，但这种烙印在我们基因里面的特质，依然时时刻刻影响着我们。一些隐性情况，依然跟远古时候的人类生存方式非常相似。

例如：

我们进入一个新的群体，会担心这个群体会不会接纳我们？

我们所属的群体里，加入了新的成员，会不会威胁到我们拥有的资源？

我们遭遇陌生人，会本能地警觉，这个人会不会对我们资源和安全造成伤害？

这些担忧，跟早期人类的担忧，并无二致。

于是，当遇到这些情况的时候，我们天性中的焦虑心理就会出现。

所以，你觉得自己没有能力在陌生的群体里彰显自己的价值，被对方接纳，或者有过被排斥的经验，那你这种焦虑感就会更强；于是开启自我保护的心理模式，免受伤害。

当你觉得自己目前的能力无法足够应对当前挑战，或者陌生人的出现让你没有足够的安全感，你同样也会感到焦虑。

但事实上，这些感受不一定是真的。

很多有能力或资源丰富的人，他们产生的焦虑感不一定比我们普通人少。究其原因，就是大多数人，并不懂得利用我们文化进化的能力，去调整我们生物进化的天性。

换言之，想要缓解我们身上这种焦虑感，需要从思想和行为两个方面着手改变。当你不被焦虑所困扰，你才有机会去冒更多的险，成功的概率也就更大。

内在思想改造

我曾经遇到过两个参加搭讪训练的男生。

我问他们同一个问题："如果你去搭讪，被女生拒绝了，你会有什么感觉？"

A说："没觉得什么啊，搭讪女生被拒绝，这是很正常的事情。这个不行，就去搭讪下一个了。只要态度真诚、姿态友善，总有一个会愿意跟我认识的。"

B说："每次看到心仪的女生，我总是希望能够上前跟她聊天。可是心里想着怎么开场，怎么用自然的方式去聊天，怎么才不会让对方抗拒，想着想着，对方还没有机会拒绝我，她就消失在我的视线里了。搭讪女生，真的不是一件容易的事。"

很多人觉得，自己之所以感到焦虑，是外界那件事给予自己的反应，如果那件事不存在，这种焦虑感也就消失了。但这是正确的吗？

并不完全。

正如 A 和 B，他们两个面对的是同一件事，可是却得出两种截然不同的心理感受。

事实上，有些人觉得跟陌生人聊天很难受，另一些人觉得没什么大不了，其原因并不在于事情，而是我们对这些事情的看法。

事情本身并不会引起人们情绪上的变化，我们对它持有什么样的看法才会。

六祖慧能的禅语"本来无一物，何处惹尘埃"，就说明了这个道理。如果你对这件事没有思绪，它又怎么会让你心神纷扰呢？

同样，你对一件中立事件，是持有正面看法还是持有负面想法，它们留给你的感觉也是大不相同的。而很多时候，我们这些不好的想法，往往并不理性。

行为主义学家埃利斯博士和贝克博士做过几十次研究，发现如果人们能够改变非理性的看法，取而代之的是理性的态度，那么就能最大限度地减少焦虑。

而我们不理性的地方，体现在四个方面：

（1）消极逃避。

消极逃避的思想，会让你不断从心里说服自己放弃接触陌生场合。很多人怯场的焦虑，往往就是属于这种负面思维。

这个时候，你就需要对自己理性发问：为什么这件事会让我感到紧张？你把原因描述得越是具体，你就越容易找到解决办法。

例如你给喜欢的人打电话，你很紧张，迟迟不行动，那让你紧张的是什么原因？担心被对方拒绝？担心你的电话对对方造成滋扰？那为什么对方会拒绝你呢？理由是什么？是时间不对、说话不得体，还是不知道说什么呢？

这些问题，有时候并不是客观情况的反映，它们只是你自己的设想，说不定对方并不是这样想的。即便你说错话，对方可能也不会太在意。

当然，如果这些问题真的让你感到紧张，不要逃避，积极去解决它们。

你过往的经验让你有过类似的感受，现在你要做的，就是改变它们，提高你的能力，直到能够适应当前的挑战，而不是默默地在心里祈祷别人突然对你大发慈悲，接受你的不好！

（2）小题大做。

有些事情，不一定是你自己能力不足的问题，也有可能是当事情没有按照你预定的发展轨道行进，你就会认为事情朝着糟糕的结果演变。而这种心理，就是小题大做。

对于事情做出不合常理的设想，认为一件事做不好，接下来就会引发出一连串更不好的结果，其实这种自己想象出来的结论，是属于逻辑学上的谬误，称之为"滑坡谬误"，好像沿着一个滑坡一直向下滑下去，根本停不下来。

例如，你不好好读书，你将来就找不到好工作；找不到好工作，你就没有钱；没有钱你就无法好好生活；无法好好生活，你就只能偷拐抢骗；当你偷拐抢骗，你就会被送进牢房；被送进牢房，你这辈子就完了。

你说，这是不是小题大做？

你在焦虑心理下，对可能情况发生的设想，也是这样。

然而，事实往往并没有你想象中的那么可怕。当你有了这种心理，问一问自己：我想象中的那些可怕后果，有多大的概率会发生？给自己一个确切的答案。

千万不要用笼统的词汇来描述自己的情绪，诸如太可怕了、太糟糕了、太不堪了、太丢脸了这些，最好把它们放在一边。实验证明，减少使用情绪化的词汇，能够显著减少焦虑。

所以下一次，不要一来就用这些负面词语去描述自己的情绪，也不要把事情想象得很糟糕。

应该告诉自己：反正最差的结果也只不过是尴尬而已，但如果我能够及时道歉或者纠正，没什么好怕的。

（3）以偏概全。

一次不好的经历，就认为所有的事情都会有不好的结果。这种偏颇的想法，只会影响到你发挥自我。

而给自己贴上不好的标签，就是常见的做法。例如你觉得自己是一个内向的人，你就认为自己这么内向，应该无论怎样都说不好话了；你觉得自己是一个安静的人，你就认为还是不要开口了，安安静静坐在一旁就行。

有些人会认为，过去的行为会决定自己将来的行为；过去的失败，也决定了自己将来的失败。这些说法都是给自己贴标签的负面想法。

没有人是一个完完全全内向的人，否则就是重度孤僻；也没有人是一个完完全全安静的人，否则就是严重忧郁。你在某些情况下，肯定表现出跟标签那个特质不同的样子。如果你接受这些标签，你就很容易陷入以偏概全的恶性循环里。

你觉得你很失败，因为你之前做的事没有成功，于是证明了你做事很失败；正因为你觉得自己做事很失败，所以你什么都不敢去尝试；因为你什么都不敢去尝试，于是你就做什么都不成功，最后又循环到你做事很失败这个开头，周而复始。

所以改变这种以偏概全的想法，就要跳出窠臼，反驳自己的标签。你要找出相反的例子，去证明自己并不是一直这样。克服焦虑感，不是要找出一些相应的例子去证明，而是要找出一些相反的例子去推翻。

（4）追求完美。

苛求自己一定表现得完美无瑕，完全符合自己的预期，那这种思想就是吹毛求疵了。

很多有社交焦虑的人，往往容不得自己有一点表现不好的地方，自己做错了一点，就觉得很难过、很尴尬、很丢脸。如果他们认为自己做不到完美的表现，就宁愿待在舒适区里，迟迟不敢行动。

心理学家曾经做过一个实验，随机找了三组人去临时发表一场主题演讲。但每一组人，都被隔离起来，分别被告知演讲的要求。

对于第一组人，他们被要求整个演讲过程一定完美无瑕，不能犯错；对于第二组人，他们被要求可以稍微犯错，但不应该超过一定次数；而对于第三组人，他们就被允许可以犯错，没有次数限制。

而实验结果，表现得最自然，演讲效果最好的就是第三组人，因为他们没有任何压力，可以随心所欲地讲述自己想说的。而第一组，由于被要求要完美无瑕，所以整个演讲过程都给人很死板、僵硬、毫无创造力的感觉。

这个实验证明了，我们与人交往时，如果过分要求表现完美，焦虑感就会非常明显；但如果你对自己、对他人不那么吹毛求疵，你反而能表现得更加自然。

所以，不要害怕犯错，只要你没有伤害他人，一些错误可能会让你更加可爱。

外在行动改变

把上述四种不好的负面想法调整好，必须通过行动去运作。当你的行动用一种正确的方式改变，这样才会让你真正减缓焦虑。

美国学者温德尔·约翰逊创造出一个叫 IFD 的理论，这个理论说明，在追寻理想目标的过程中，如果没有详细的规划，你就会不断遭受挫折，直到后来变得意志消沉，最终放弃。

为了更好地克服社交焦虑，你必须给自己设定一个切实可行的周详计划，以此来提高你的心理素质。

而这个计划，我建议分为五个步骤实行。

1. 制定具体目标。

2. 制订具体的行动方案。

3. 私底下演练准备。

4. 褒奖自己。

5. 重复行动。

克服焦虑感，增强自己的心理素质，一定要循序渐进、从易到难，千万不要想着一蹴而就，幻想用几天时间就能够完成蝶变，最低限度，也要给自己一个月的时间去行动。

例如，你想克服焦虑，可以设定目标到底是克服当众演讲的焦虑，还是与人接触的焦虑，抑或是跟心仪对象约会的焦虑。

如果你想克服与人接触的焦虑，你希望自己在面对任何陌生人时，都能够流利交谈、自然应对，这是你的具体目标。那有了这个目标，接下来，你就要制订行动方案。

你要从易到难入手锻炼，刚开始，你给自己制定每天跟一个陌生人聊天的要求。这些陌生人，可以是服务员、销售员、快递小哥、图书管理员等等。

而每次聊天，要求自己说出三句话就行。当你坚持了一个星期后，觉得这样没什么难度，就开始加大行动，每天跟三个陌生人聊天，每次聊天时间大概五分钟，等等。

这个过程，你一定会出现前文那种非理性思想，那么你就要运用自己的理性去克服人类的这些天性反应，而私底下模拟这些做法，会让你真正行动起来时，更加得心应手。

例如你先设想好，你怎么跟快递小哥开始聊天，到底是说完谢谢后，询问对方下雨天对送快递有没有影响，还是向对方了解，以后要送快递，要怎么联系他（尽管你未必真的需要，但这个话题可以引发聊天）。

这些情况，你在开始行动之前，最好在私底下演练几遍，先准备好几个问题，想一想怎么发问才得体、才自然、才不会惹人反感；设想一下对方这样反应，如何应对，那样说话，又如何回答。有了这些准备，你真正行动的时候，就会更容易落实。

这种排练，既可以提高对技巧的熟悉程度，也可以提高你的心理素质，因为你行动之前的模拟情况，肯定会让你心惊胆战。

只要你能够从易到难一层层去克服这些心理障碍，行动起来，你就会慢慢习惯这种焦虑感，直到减缓为止。

最后，当你在第一天完成跟一个陌生人聊了三句话这个要求后，你就要褒奖自己，喝杯奶茶、跟朋友逛逛街、看看电影等，都可以。每一次奖赏自己，千万不要夹杂自我批评的言语，如"这次聊天很拘束，做得不够好"或者"我还是太紧张了，说等于没说"。

记住，没有一个性格开朗的人时常责备自己，也没有一个性格内向的人常常表扬自己。一旦你达成目标，一定要打从心底赞美自己。

有了鼓励，有了信心，接下来就是重复行动，根据自己的需要加大难度，增加应用场合去锻炼，积累不同情况下的经验，直到自己可以轻松表现。

只要你能够坚持这样做，自然懂得怎么控制你的焦虑感，它也不会对你造成影响了。

4. 当众说话感到恐惧——突破心理障碍你轻松做到

在某些情况下，担心自己说得不好，从而感到紧张，是我们口才行为当中最常见的毛病。

其实，很多具有丰富舞台经验的主持人，也不可避免出现这样的心理情况。即使富有实践经验的语言高手，也要和紧张的情绪作战。

我曾经看过一个访谈节目，主持人请来了曾志伟、陈百祥等香港著名的艺人，问他们一些关于主持工作的事。

其中问到，他们上台主持的时候紧不紧张。曾志伟就说："无论什么时候上台主持，我都会感到紧张。因为当你第一部分开口说错了，那么接下来的部分，肯定说得不会流畅。但如果第一部分说得好，接下来就好了。所以常常担心，上台说话一开始就出错。"

然后曾志伟还说道，虽然台上看起来他们主持的时候是侃侃而谈，但一旦回到后台，他们并不是休息，而是赶紧拉上其他人一起对稿，因为担心紧张会影响到主持。

连这么有经验的主持人都感到紧张，我们普通人说话有一点恐惧感，又有什么关系呢？

　　记住，就算上台讲话已经有 9999 次的人，在第一万次上台之前，他们依然会紧张。跟我们普通人不同的地方就在于，他们能够带着紧张说话，能够克制紧张，然后自如表现，而我们一般人却连克制紧张都做不到，还会反过来被紧张影响到自己。

　　所以，如果你对说话的恐惧感已经影响到你的正常表现，那么学会调整好自己的情绪，努力克服恐惧，就非常有必要了。

　　那有什么方法可以调节我们这种说话的恐惧感呢？

保持内心的积极力量

　　很多时候我们对说话感到恐惧，就是因为我们内心持有一个不好的信念。

　　这个信念，就好像我们身上的恶魔，不断在我们耳边说："你讲不好的，你肯定表现很糟糕的，你做不了的。"一旦我们经常听到这些负面的言语，久而之，心里对于说话这个行为，就会产生抗拒的恐惧感。

　　无可否认，面对一群人当众发言，对于很多人而言都是一种非常艰难的挑战。这样的挑战，让你感到紧张或者不适，都是非常正常的。但你无须把这个紧张当成一件大事那样看待。反而，你可以把这种紧张当成一种鼓励。

　　如果你因此而表现出一个非常自信的姿态，那你就会慢慢由此感受到你对自己的信心。你越是刻意隐藏自己的紧张，紧张就会越发影响到你的行为。

　　也就是说，你的内心至少要保持一种积极的力量，暗示自己不要屈服于这种紧张，不要被紧张吞噬你的思想。你要懂得用一种非常坚硬的姿态，站直身体去对抗这种紧张，而不是蜷缩在一角，任由紧张蚕食你的表现。

　　人的大脑，既有负责情绪的部分，也有负责理智的部分。当我们负责情绪的部分过于强大的时候，例如你感到很紧张，那我们理智的部分，例如我们可以让自己不紧张的行为，就会反应失常。可是反过来，当我们理智的部分十分强大，我们情绪的部分就会因此被抑制。

所以，下一次你脑海中的恶魔向你灌输一些负面的语言，影响你的情绪，这时你就放出天使，运用理智的头脑告诉自己，你一定可以，你肯定做得来，你没有问题。给自己加加油，鼓励一下自己，用一个积极的信念去压制不好的情绪。这时，你就会缓解恐惧的感觉了。

千万不要一开始就对紧张认输，它是你的挑战之一，你得努力去战胜它。

预设可能发生的情景

对说话感到恐惧的人，想象力都非常丰富。

他们总是能想象出，自己开口说话后的糟糕后果。然后就把这些后果，当成是真的那样去看待，恐吓到自己步步退缩。例如跟喜欢的异性聊天，事情都还没有发生，他们就能够想象出各种后果。

设想总会以某种方式实现的，无论是好的，还是坏的。如果你认为眼前的聊天对象对你充满敌意，你可能就会采取防卫性的姿态，这样肯定会扰乱谈话的流畅性。但如果你觉得对方对你没有什么不好的感觉，或许你就能够以正常的姿态去面对对方。

所以，你希望能够以一种不紧张的姿态去面对听众，你不妨设想一下情景，想象一下自己不紧张的情况下，你应该怎么表现。熟悉和感受一下不紧张的情况，这对于很多社交恐惧症的人都是非常有用的方法。

例如闭上眼睛，设想一下那些你曾经跟别人说话时所得到的积极回应，到底是什么样子，并且试想听众向你释放出善意的态度，然后把这种感觉保留在脑海里。我相信，这种积极想象，会给予你鼓舞的力量。

情景预设，十分适用于那些你不敢开口的场合或者面对的对象。

想一想对方要是积极回应你，你是不是有种成功一半的感觉呢？然后以此来开启自己的对话，你就能够控制自己的心理，把虚拟的感觉，应用在现实的生活当中。

这个方法之所以有用，是因为情景预设恰恰在于控制你头脑中对于自己的印象，切记不要自以为是地设想一些不好的听众正在思考着什么内容，从而影响到你对自己的看法。

我以前曾经进过话剧社做过表演，我会设想自己正在扮演一个角色，好戏正在上演，我就会不断训练这个角色，直到自己熟悉扮演这个角色的感觉。

所以当你紧张的时候，设想一个不紧张的自己，面对一个善意的场景，熟悉一下这种感觉，然后你就心里有数了。

你无须担心自己看上去会显得装模作样，要知道我们每个人的性格都是多面体。你希望表现出自信的一面，那么你就会变得越来越信心十足。

经过练习之后，自信会在你身上自然地显现，而情景预设，正是让你获得自信心的最佳武器。

通过表现去抵抗紧张

我们面对他人说话，自己内心的紧张程度一般分为三种。

（1）低等程度的紧张。

说话者会感到轻微的紧张，但心里会认为听众基本上是中性的，不会带有任何偏见，聊天反应非常正常。正如我们面对不太熟悉的朋友、工作伙伴，或者其他陌生又没有交集的人。

（2）中等程度的紧张。

说话者会假设听众对其持有负面态度，认为自己一开口，对方会扭头就走，不予理会，结果就会导致封闭自己，并因此和听众产生距离。他们宁愿躲在一旁，也不敢走出来跟说话对象有任何眼神的接触。

（3）高等程度的紧张。

说话者在逃避这个问题上就更加严重了，认为所有人对他都有敌意，还没开口说话就会嘲笑他、鄙视他、看不起他，觉得自己失败了很难堪，被人唾弃，心里总是觉得对方在等待着自己犯错。

这三种程度的紧张，会慢慢增加我们跟聊天对象的距离。想要解决这个问题，就需要用自己"不紧张"的表现来盖过自己的紧张心理。

我在前文说过，心理会影响到我们的行为，你紧张，你会表现出一系列紧张的行为。

其实反过来，只要你的行为表现出镇定的样子，你的大脑就会误以为你面对的场景没有什么大不了，最后会慢慢变得不那么紧张的。

所以，当你紧张的时候，首先要调整呼吸。注意是深呼吸，用腹腔的方式呼吸，气沉丹田。然后试着让自己的身体放松下来，意识到自己的身体绷紧，你就尽量把身体的绷劲舒缓下来，直到你的身体很自然地行动。

这时，你可以做一些舒展的动作，动一动颈部，松一松肩膀，这些都可以帮助你放松喉咙和声带。你以此来说话，就不会给人紧张的感觉了。

除此之外，为了减轻自己的恐惧感，可以给你的言谈注入亲切和热情。

因为态度亲切，所以你的谈话没有攻击性；因为情绪热情，所以可以以此感染听众。当你能够做到这两点，你就会很快打破隔阂，让听众专注于你要传达的信息，而不会把目光放在你紧张的表现上。

其次，你一定要更多地把注意力集中在要讲演的内容上，而不是你自己的情绪上。你跟服务员要一杯开水，你要表达的就是这个主要的内容，而不是你的紧张。

当你把想法更多地放在内容上而不是你自己，你就能够克制焦虑感和恐惧感。毕竟，你想要别人不对你产生负面的思想，你就要做到你给予他们一些正面的思想。

不要担心自己会遭遇尴尬

许多人害怕站起来开口讲话，是因为他们认为自己做着一件心里没底的事情。他们不是觉得自己会被一些词语弄得自己说话磕绊，就是觉得自己表达不完全不充分，或者忘记最关键的要点。

其实，不要把犯错看作一件严重的事情，因为听众能够理解，我们每个人都会犯错误。他们更想知道的是，当你犯错的时候，是怎么应付和处理的。

最简单的方式，就是直接认错。

如果你想表现一些小聪明，有时候反而很容易弄巧成拙，倒不如大大方方说一声"不好意思"，更能更好地化解尴尬。

如果你真的担心听众的反应，就应该建立起自信心，学会藐视恐惧。每天早上一睁开眼睛，就开始鼓励自己，让自己每天都充满正能量。当你做到这个样子，有了这种心理，再去学习一些应对尴尬、刁难的技巧，你运用起来就会更加得心应手。

积累足够的信心，去面对所有困难，战胜所有困难，你说话的恐惧自然不会对你造成太大的困扰了。

做好充足的准备

不打没准备的仗，对于说话来说，做好准备，也是很重要的一环。

如果你说话之前，都不知道自己要说什么，然后硬是要自己去说，紧张和恐惧就是理所当然的事情。

例如你不懂得怎么与人交往，你自然对交往感到恐惧；如果你不知道跟合作伙伴怎么谈生意，你自然对这些谈判心里没底。没有准备，就贸然站出来说话，的确很容易让自己感到紧张。

那怎么才算准备好呢？

就是懂得根据客观情况，针对性地做好应对措施。好比你明天要上台演讲，那么今晚你就要准备好演讲的内容，熟练地说出它们，经过一次又一次的排练，才能够打好这一场仗。当然，日常生活聊天的准备，不是在前一天，而是在每一天。如果你平时一点积累都没有，开口说话就是一件困难的事情。

平时多积累一些沟通的经验，多感受一下与人说话的感觉，不管是朋友、家人、陌生人，还是其他问路或者买东西的人员，适当聊几句，会提高我们对于说话时的心理适应性。好比你经过讲台的时候，适当待久一点，感受一下被人注视的感觉，以后你上台说话，也就知道怎么回事了。

时时刻刻都做好说话的准备，多投入一点时间专注在这方面练习。有了充分的准备、大量的练习，你才能够镇定自如地在任何场合说话。

5．如何从内到外改善自己的心理——角色演绎法

很多朋友锻炼的过程当中，都会遇到一个问题。

就是他们锻炼了很长时间，私底下可以侃侃而谈，可是一旦走到人前，这种高谈阔论的口才就忽然间消失了，不是担忧得哑口无言，就是说得吞吞吐吐。

换言之，无论他们怎么去学习，却依然无法让自己变好。为什么会这样呢？

归根到底，就是你固有的性格特质限制了你。其中的特质——心理素质，对于我们在人群当中做到自如表达，起到至关重要的作用。

但问题就在于，提高自己的心理素质，并非一朝一夕的事情。

而且在我看来，一些日常的表达，并不需要你具备多强大的心理素质，却依然有人无法自如地在人前流利地说好一段话。要是这样，那不管你多么努力锻炼口才，也很难改变这种情况，让自己获得进步。

这时，想解决内在特质这个问题，就需要用到特定的方法。

而这，就是调整你的自我角色。

自我角色效应

我试过两次打滴滴前往工作的目的地，而且都是在非常赶时间的情况下坐的车。

第一次赶时间坐车，我发现司机开车开得很慢，我就提醒一下他，说可不可以开快一点，两点之前到不了我就会迟到。

这位年轻小哥，轻轻地回应我："你赶时间吗？那我现在开快一点。我平时开得很快，但怕客人投诉，所以有人的时候都开得比较小心。"说完，他就踩油门狂飙。说实话，车技还挺不错的。

而第二次赶时间坐车，同样地，司机开得很慢，我又提醒了一下他。这次，这位司机小哥的回应就特别很多了，他说："你赶时间？早说嘛！我就是开快车的人啊，人称极速120，听名字就知道我多厉害了。坐稳啦，免得我的车技把你给吓着！"说完后，他就深踩油门，狂奔目的地。

这两件事给我什么启发呢？

两个司机，对于我同样的言语，给出了不同的回应。尽管他们都按照我的要求，提高了车辆的行驶速度，然而，他们对于我这个要求所做出的回应，却带有两种不同角色的影子：一个是文静内敛，一个是热情开朗。

为什么很多人，无法用一个热情开朗的方式去表达自己呢？

原因就是，他们用自身角色应该有的方式，说出了他们这个角色应该有的话语。正如你如果是一个将军，你肯定会用将军的口吻跟士兵发号施令；你是一个皇帝，你也肯定以皇帝的姿态跟群臣传达旨意，否则，用一个太监的姿态去说话，成何体统呢？

这就是自我角色效应。一个人的自我角色，会使这个人的言谈举止产生相应的变化。

很多双胞胎，外表和岁数完全一样，可是其中一个做了哥哥或姐姐的角色，另一个却做了弟弟或妹妹的角色，于是彼此的言谈举止，就以那个角色的定位展现出来。

可以说，一个人对于自我角色如何定位，那这个定位就会以相应的角色影响他做出相应的言谈举止。

自我角色对你的限制

如果你对现在的自我并不是太满意，或自卑，或内向，或胆小，这样的心理素质也许正是你的自我角色对你造成了限制，让你表现出相应的行为举止。

那自我角色是怎么建立的呢？

人与社会活动的互动过程当中，会得到各种各样的反馈，这些反馈被我们的大脑接收、整理、解读、输出，从而变成我们思想的一部分。

一般来说，三种社会互动方式能够让我们建立起自我角色。

（1）通过外部条件获得而进行自我定位。

例如一个穷人，突然中了五百万，那么他对自我角色的定位，就从穷人变成了有钱人。然后他就以这个"有钱人"的角色，表现出相应的行为举止：买豪车，买别墅，买金链，出手阔绰。

但这个角色只是短时间的改变，属于外在自我的改变，而内在的自我依然停留在以前的思想水平，说不定自身水平不够好，他的有些行为举止就会表现出低素质、没教养的样子，比如在机场大呼小叫，对社会地位比较低的人颐指气使等。某种程度上，暴发户就是这样自我角色转换而产生错位行为的称呼。

（2）在成长过程当中，根据社会认可度而获得的自我定位。

例如马云，通过自己一系列的跃升，从一个普通人变成现在的巨富，这个自我定位就是从社会活动的互动当中，长期积累下来的。基本上知道马云是谁的人，对于他是富人这个角色，并没有太大的异议。

有些人在工作上的角色是一个主管，而回到家的角色，就变成了一个父亲。这是不同的社会活动赋予他的不同角色。

但除此之外，在你的成长过程当中，因为环境、家庭教育等因素不同的社会互动方式，你的自我角色，可能会因此而慢慢变成一个自信勇敢的人，或者变成一个自卑内向的人。

这种自我角色定位，就是从这种互动过程当中，被潜移默化影响而获得的。

对于这个角色，认识你的人，都知道你是一个什么样的人。我们多多少少都会听过别人对我们的角色评价：他这人好勇敢啊；原来是那个说话不自信的男生；他做什么都很笨。

这种类型的自我角色定位，并不一定是真实的，纯粹是外界对于我们整体归类"贴标签"做法。即便是父母，也很难完完全全了解到我们的潜在能力。就如爱因斯坦这么聪敏的人，小时候也曾经被老师评价为一个笨人。

然而，很多人的行为举止，说不定就会囿于这个角色的限制，而表现出相应的样子。既然自己是一个没用的人，反正做什么都没有价值，那么索性就自暴自弃，继续尽心尽责地扮演这个角色。

想一想，目前你的自我角色，是不是表现出相应的言谈举止呢？

如果你觉得不满意，是不是说明这个自我角色对你造成了很多限制呢？

你明明希望自己能够自信地站在人前侃侃而谈，可是你的自我角色却让你一直表现得内敛胆小，连开口的勇气都没有；你明明希望自己受到别人的欢迎，可是你的自我角色所表现出来的行为，却让身边的人越来越讨厌。

当你无法意识到这一点，你固有的自我角色，就会一直对你造成限制，导致你无论怎么努力都无法改变自己，获得进步。

想要改变这一点，你就要利用第三种社会活动方式，来获取新的自我角色，重新给自己做一个恰当的定位。

（3）主动调整和获取的新的自我角色。

人的个性千千万万，但个性并没有好坏之分，只看你的个性是否能够应付各种社会活动的要求而已。

当你的个性所塑造出来的角色，没有符合社会活动的要求，那么你就很容易被排斥，或者无法完成应该完成的事情。

好比追求女生，需要你有一个幽默开朗、积极热情的自我角色，可是你却一直用着那个内向害羞、胆小木讷的自我角色，那这样就无法应付这种社会活动了。

又如你在公司是一个很厉害的主管角色，然而回到家，你需要做父亲、丈夫这样的角色，才能构建和谐的家庭。如果你这些角色做不来，不知道怎么做，或者你用了主管的角色回到家去跟妻子儿女相处，那么肯定会出问题。

为了更好地解决这个问题，你就需要建立一个新的自我角色。

建立新的自我角色，并不是让你用人格分裂的方式，获得一个全新的自我，而是用一种符合社会活动的新自我角色，做出相应的行为举止去表现出来。这个做法跟玩角色扮演的游戏没有太大的区别，只是步骤的运用会更深入一些。

这个步骤，可以分为四步。

a. 找出适合的自我角色定位。

你本来是一个斯文内敛的人，一下子让你变得狂野，不是不行，而是实在太困难了，也没什么必要。

但如果你本来是一个斯文的人，经过自我角色调整之后，变成一个斯文的幽默者，这样就容易多了。

也就是说，你平时开起玩笑来，尽管斯文，却会有种不好意思的感觉。而转变后，你依然是一个斯文人，可开起玩笑来，只会微微一笑，表现出云淡风轻的自在感，那么这种新的自我角色，就比较适合你了。

每个人的性格不同，想要变成一个什么样子的人，也各有各的追求。适合别人的角色，不一定适合你。如果现在的你，不满意当前的自我角色，你就要想一想，什么样的新角色，才是你自己想要的。

如果你连自己想要变成一个什么样的人，都毫无头绪，那么无论你怎么努力奋斗，你都很难有一个清晰的行动方案，让自己获得进步。

所以，在改变之前，你首先思考一下，现在的你，拥有的是一个怎样的自我角色。而在接下来，你又想拥有什么样的新的自我角色。

注意，这个新的自我角色，你一定要非常清楚是什么样子的，不能模模糊糊，一点都不清晰，最好现实当中存在固定的参考对象。

你只有清楚地知道新的角色是什么样子，才有可能朝着那个方向改变。

b. 把旧角色和新角色的言谈举止区分开来。

如果你的旧角色说话是没有自信的样子，那么新的角色，就是要有自信的样子。这些新旧的区别，你一定要了解清楚。

例如你旧有的自我角色，跟大家自我介绍的时候，是声音细小，畏畏缩缩地说："呃……大家好！我是……我是陈小明，很高兴来到这里……呃，跟大家见面，我觉得我的经验可以帮到大家的，应该可以，所以……谢谢！"

那么新的角色，你应该知道怎么说才算好，就是要做到大方自信、声音洪亮。如：

"各位电视机前以及现场的观众朋友，大家好，我是陈小明，很高兴来到这里跟大家见面。在接下来的时间里面，我会跟大家分享一下我奋斗的历程，希望这些经验能够给予大家启发。谢谢！"

只有清楚新旧角色的区别，你才能够用新的好的行为举止，取代那些旧的不好的行为举止。如果你连自信的姿态都不知道，那你就很难改掉自己那种不自信的样子。

所以，当你做好新的自我角色定位之后，第二步，就要区分好新旧角色的不同之处。旧有的角色是这样做，你知道这种做法不好，那么相应地，新的角色你也一定要知道，怎么做才是好的。

有了这个基本认识，你才可以进行第三步。

c. 私底下用新的自我角色开始行动。

尽管心理学对于到底是言行影响心理还是心理影响言行还没有一个确切的定论，但至少目前可以证明的理论，就是两者对于彼此都能产生相互影响的作用。

换言之，你想要获得一个全新的自我，你就要用新的自我角色那种姿态去行动，用行动来影响你的心理，从而改变你整个人的状态。

好比你跟别人说话的时候，通常都是表现出底气不足、没有自信的样子，那么现在，你就要在私底下练习，用一种自信满满、中气十足的姿态去发出你的言论；你以前走路垂头丧气，那现在你就抬头挺胸、目光锐利地走路，慢慢习惯这种不一样的新感觉。

如果你有了第二步的分析，你就会知道自信满满、中气十足、抬头挺胸的姿态，应该是什么样子。这个样子，就算从那些学习的参考对象那里，也能够获得了解。

正如我文章中说的那两个滴滴司机，对于我的要求，第一个是内敛的回应方式，第二个则是活泼的回应方式。当你用新的角色开始行动的时候，一定要有意识用新的行为举止，去表现出相对应角色的样子。

有一句话，你想成为一个什么样的人，就以那种人的方式去行动。这就说明，你不能继续用旧有的行事方式去回应外界，否则就很难改变自己。

例如别人跟你开玩笑说"你这个人，也没什么特别嘛"，你旧有的自我角色做出的回应，也许是支支吾吾，欲言又止，想反驳又不敢反驳。

现在，你的新角色可不是这么回应的，你就要用新的回应方式去应对这句话，说："近墨者黑嘛，跟你这样的人待久了，再聪明也会变蠢。"

再如，平时你自己一个人的时候，听歌都只是静静听着，一言不发。现在通过新的角色，听歌的时候就热情地唱起来，嗨起来，不要压抑自己。

无论任何时候，都要用新的角色去行动，先从私底下习惯这种不同的行为举止。

d. 大量的练习巩固新的角色。

很多人做一些事情，发现自己这么努力做了几十遍，都尽力了却依然没有任何收获，于是就选择放弃，继续感慨自己没有那些拿第一的人这么厉害。

其实这些所谓的"尽力"，"做了几十遍"，在那些真正厉害的人眼中，几乎微不足道。你以为你做几十遍已经了不起了？

但你知不知道，这个"几十遍"，只不过是占那些厉害的人所行动次数的三分之一，甚至五分之一而已。他们可是做了几百遍，甚至几千遍都有。

我记得微信小游戏《跳一跳》，在之前还流行的时候，我身边的某个朋友几乎每个星期都是拿第一，每次都是两千多分，第二名最多也就一千多分而已，差距太大。我觉得第二名已经很厉害了，就问他玩了多久，他说临睡前才玩一下，一玩就玩一个多小时，加起来玩了几百次都有吧！我已经觉得了不起了。

可是第一名那个呢？

我问他玩多久，没想到他居然天天都在玩，有空就玩，忙完就玩。虽然我不知道他为什么痴迷玩这个小游戏，但他能够拿到第一名，正是因为他每个星期已经累计跳了上万次。上万次啊！这种大量的投入，让他有了如此的成绩。

所以当你觉得自己已经尽力了，想放弃的时候，想一想，你才重复了多少遍？没有这样大量而持续的投入，你想一下子就获得跃升，基本上很难很难。

如果你真的觉得旧有的自我角色限制你很多，而你又想改变，让自己更好的话，从现在开始，就建立一个新的自我角色，然后投入大量的练习去巩固这个角色吧！

正所谓：不积跬步，无以致千里。

只要你每天都用新的角色去行动，不用多久，你肯定会感受到自己内在特质的变化。

想要提高自己的心理素质，拥有强大的口才，你必须这样要求自己。

第三章

想获得好口才，不要忽视基本功的锻炼

1. 不懂如何开始锻炼口才——从这四个部分逐步学习

口才对于我们个人的重要性不言而喻。

说好话，并不能让我们达到最终目的，但通往每个最终目的的路上（如找对象、找工作），说好话可以给予我们更多的帮助。所以锻炼口才，就是为了提高我们获得这些帮助的概率，让我们更接近自己人生中的各种最终目标。

但是很多人尽管知道自己需要恶补口才，却苦于不知道怎么着手开始锻炼。如果你没有一个系统性的计划，东一头练一下，西一头又练一下，这样就很难出效果。

锻炼口才，必须有针对性，更不能操之过急。

最好的方法，就是按照一定的流程去练习。而这个流程一般分为四大部分。

第一部分，基本功锻炼，旨在提升我们口齿伶俐的程度。

第二部分，表达能力锻炼，旨在提升我们组织言语表达自我思想的纯熟度。

第三部分，沟通能力锻炼，旨在提升我们与人交往过程中双向交流的互动度。

第四部分，高级说话能力锻炼，旨在让我们掌握不同情况下各种说话形式的语言运用。

这四个部分，在锻炼时最好循序渐进，各个击破。

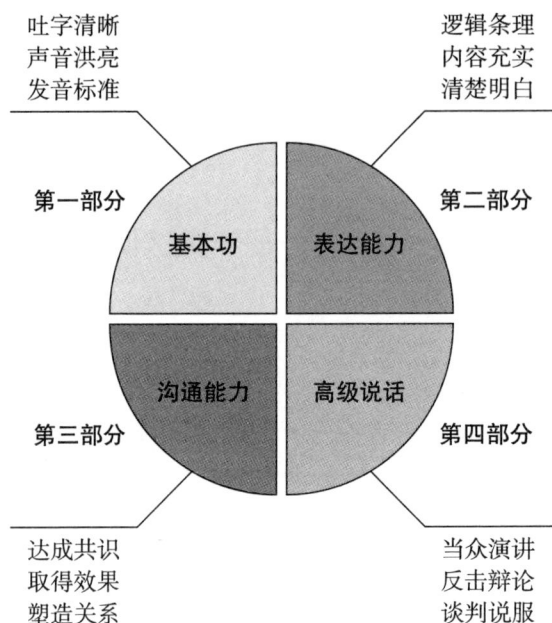

吐字清晰　声音洪亮　发音标准

逻辑条理　内容充实　清楚明白

第一部分　基本功

第二部分　表达能力

第三部分　沟通能力

第四部分　高级说话

达成共识　取得效果　塑造关系

当众演讲　反击辩论　谈判说服

否则，前面的部分还没有掌握好就急于进入下一个部分练习，那一旦有个部分练习得不好，就会拉低我们口才的整体水平。

那每一个部分，应该怎么锻炼呢？

第一部分　基本功锻炼

我们把话说出来，最基本的条件就是这个话要说得流利、清晰、悦耳。

如果你说话磕磕绊绊、含糊不清、尖声刺耳，那么你的口才最好从基本功开始练起。

基本功不好，很容易影响到我们传递出来的信息。千万不要以为你平时私底下说话没问题，就认为在所有情况下说话都没有问题。

很简单地给自己做一次测试，现在让你用一种非常生气的情绪随便说一段话，你能够以一种爆发的状态把话流利地说出来吗？恐怕不能！因为在生气状态下说话，人的心里肯定很焦急，一焦急思维就会混乱，一混乱你就无法很顺畅地把话说出来了。

尝试练习这段话：你这个卑鄙无耻的贱人，抢了我的爱人，抢了我的家庭，抢了我的生活，现在还敢出现在我面前？我这辈子都不会原谅你，请你立刻给我滚出去！

这段话如果你磕磕绊绊地说出来，你能够表现出那种愤怒吗？相反，要是你能够非常流畅完整地把它们说出来，别人就很容易感受到你那种愤怒的情绪。当你基本功不好的时候，想骂人都骂不出来啊，可憋屈了！

而让自己口齿流利起来的基本功锻炼，不外乎这个方法，就是重复地快速大声朗读。至于用来朗读的材料，一般是绕口令或者任何一段文字。

绕口令

山前有三十三棵死涩柿子树，
山后有四十四只石狮子。
山前的三十三棵死涩柿子树，
涩死了山后的四十四只石狮子，
山后的四十四只石狮子，
咬死了山前的三十三棵死涩柿子树，
死涩柿子树从此不结死涩大柿子。

白石塔白石搭，
白石搭白塔，
白塔白石搭，
搭好白石塔，
白塔白又大。

玲珑塔，玲珑塔，
玲珑宝塔十三层，塔前有座庙，
庙内有老僧，老僧当方丈，徒弟有六人；
一个叫青头愣，一个叫愣头青；
一个叫僧僧头，一个叫点点头；
一个是奔胡卢把，一个是把胡卢奔；
青头愣会打磬，愣头青会捧笙；
僧僧头会吹管，点点头会撞钟；
奔胡卢把会说话，把胡卢奔会念经。

老僧倒有八个徒弟，八个徒弟，都有法名。
大徒弟名叫青头愣，二徒弟名叫愣头青，
三徒弟名叫僧三点，四徒弟名叫点三僧，
五徒弟名叫崩口铲把，六徒弟名叫把口铲崩，
七徒弟名叫风随化，八徒弟他的名字就叫化随风。

我家有个肥净白净八斤鸡，
飞到张家后院里。
张家院有个肥净白净八斤狗，
咬了我的肥净白净八斤鸡。
我拿他的肥净白净八斤狗，
赔了我的肥净白净八斤鸡。

闲来没事出城西，树木椰林数不齐，
一二三四五六七，七六五四三二一，
六五四三二一，五四三二一，四三二一，
三二一，二一，一个一，数了半天一棵树，
一棵树长了七个枝，七个枝结了七样果，
结的是：槟子、橙子、橘子、柿子、李子、栗子、梨！

为什么重复的快速大声朗读，对于我们的流利有帮助呢？举个例子。

外国人的名字，一般都很长又很难念。

例如我们熟知的足球巨星 C 罗，正常的叫法是克里斯蒂亚诺·罗纳尔多。你念得磕磕绊绊，而那些足球评论员却很顺口地念出来，就是因为他们经常反复去念这些外国足球运动员的名字，不熟悉就念到熟悉，久而久之，熟能生巧，流利说出来自然就不在话下。

锻炼口才也是如此。

一开始首先锻炼自己的舌头，不断地通过大声朗读材料锻炼自己的口齿流利程度，持续一段时间，我们说话就会减少"口吃"的现象。

但值得注意的是，不同的文字材料对于我们说话的锻炼，会起到不同的效果。

例如你念一些非常口语化的鸡汤文会很流利，可是念报纸上的新闻文章，也许就不会那么流畅了。因为前者的语言表达我们经常用到，后者那种报道性质的文体表达，我们平常生活很少会这么说，多说自然流利，少说自然卡壳。

所以，多念绕口令或者多朗读不同的文章，会提高你口齿的伶俐程度。那怎么才算出师呢？

我觉得，至少你能把十个绕口令和十篇短文朗读到不用看稿子都能脱口而出，这才算完成任务。

如果你能够把这些材料都流利说出来，那就说明你已经具备了继续深造的条件，就可以进入到下一个阶段锻炼。

当然，这个阶段的练习，任何时候都可以做。以后你要演讲，拿起写好的演讲稿，大声朗读它直到脱口而出，你就比其他人更能流利地表达。

第二部分　表达能力

你能够流利说话，接下来就需要提高自己的表达能力。什么是表达能力？

就是你能够通过口头语言，把自己的思想准确地表达出来，而且别人也能够理解你所说的意思。

在我们日常生活当中，口头表达大致可以分为两类：对话方式和独白方式。只要把这两种方式的表达能力提高，我们就可以应付生活上各种交流的需求。

表达能力差的人，很难快速把看到、听到的客观事物，或者自己想到的意思，准确地给听众传递出来。例如你看完一部电影，你怎么告诉朋友这部电影是好看或者不好看呢？

　　《金字塔原理》这本书提供了一个逻辑表达方案，就是先观点，后理由；而上一级的理由，也是下一级的观点。

　　简化之后的表达流程，就是观点、理由、例子（例子和理由调换次序也可以）。

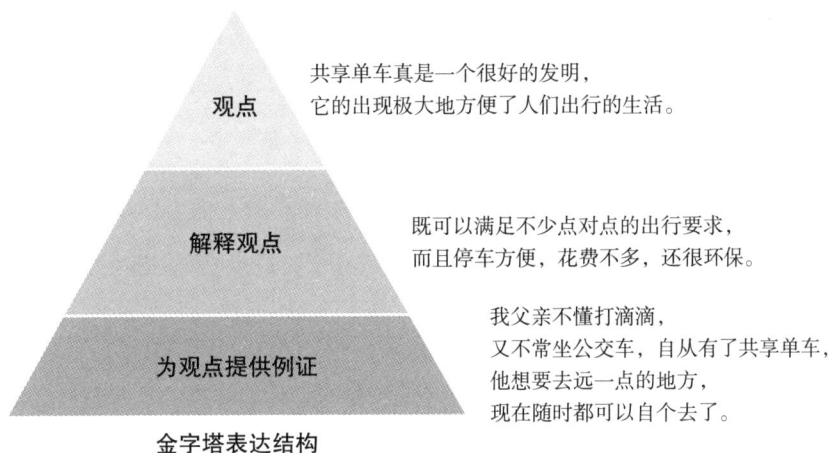

观点　　共享单车真是一个很好的发明，
它的出现极大地方便了人们出行的生活。

解释观点　　既可以满足不少点对点的出行要求，
而且停车方便，花费不多，还很环保。

为观点提供例证　　我父亲不懂打滴滴，
又不常坐公交车，自从有了共享单车，
他想要去远一点的地方，
现在随时都可以自个去了。

金字塔表达结构

　　但这个表达流程，看上去很容易，运用起来却并不是每个人都得心应手。究其原因，有四点没有做好。

　　第一，你没有确立你要表达的中心思想，也就是观点。

　　第二，当外界的客观事物和你自己想到的事情，刺激你产生一种表达欲望后，这个时候你的大脑就会形成一个针对这次表达的中心思想。

　　例如你看了一部电影，整个观影过程给予你非常愉快的观感（外界客观事物刺激），接着你就产生一种表达欲望，最后你就会因此形成一个表达的中心思想（这部电影很好看）。

　　于是，你跟朋友聊天，你就会向朋友表达你这部电影好看的观点。如果你不知道你想要说什么，那是因为你还没有确立你要表达的中心思想。

这样子，你就很难发表自己的意见了。

第三，没有从已有的资料库里面，提取出可以印证你观点的材料，也就是理由。

第四，你看完一部电影，而这部电影就是一个"资料库"。你要懂得从这个资料库里面，提取一些材料来印证你表达的观点。

例如，这部电影是谁谁谁主演的，在电影里面的表演很厉害（材料一）；这部电影的剧情迂回曲折，你不看到后面根本不知道接下来会怎么发展，整个过程很有悬念（材料二）；这部电影的特效也很厉害，非常自然地融入剧情里面，没有为了炫技而炫技（材料三）；这部电影看完之后，你会感到非常震撼，很容易被里面的角色打动（材料四）。

当你能够把这些从外界获得的已有材料组合起来，就会形成一连串印证你观点的理由。

这种表达，就是以中心思想为圆心，再围绕圆心附上相关材料的句群，从而形成一次思想的交流传递。如果你不懂得从这个资料库里面提取相关的材料，你就很难继续表达下去。

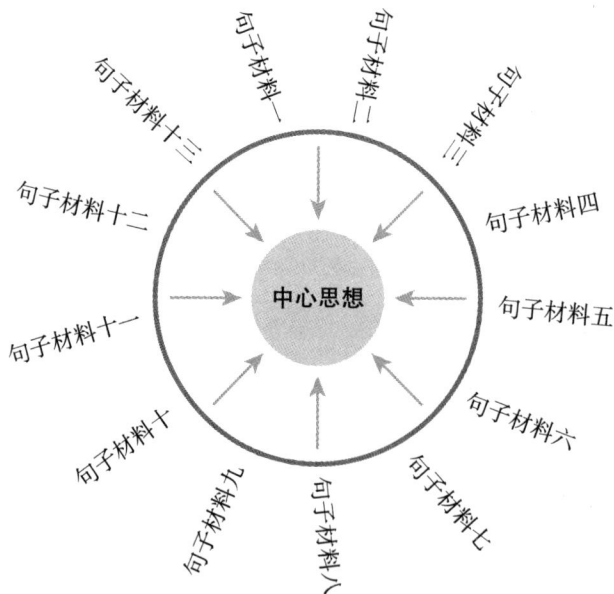

每个句子材料，都围绕中心思想讲述

那为什么你无法提取材料呢？

原因有三：

（1）你对现有的资料库没有用心留意积累（解决方法：专心用心去学习）。

（2）你对谈论的事情没有相关积累的资料库（解决方法：多读多看多经历）。

（3）你还没有对已有的资料库获得自己的理解（解决方法：多思考，学而不思则罔）。

当然，组合这些材料，在日常对话当中并没有特定的顺序，闲聊的时候想到什么就说什么就行。

但一些特殊情况，最好是先说重要的地方，再说次要的地方。就是先把重点说出来，其他细节再慢慢去补充。

例如你遇到交通意外，受了点皮外伤，你跟父母说起这件事，你应该先表明你没事这个重点，而不是一来就描述你被小车撞倒在地，还受伤流血这样。尽管只是皮外伤，但你妈听到你这么说，肯定会吓死。

那怎么提高我们的表达能力呢？

就是背诵相关表达的文章，然后经常用自己的语言把这些文章复述出来。背诵是积累表达的框架，复述是按照这个框架说出自己的话。

如果你不知道怎么描述一件事，就多读一读描述性的文章；如果你不知道怎么说明一件物品，就多读一读相关的说明文；如果你抒情的话说不出来，就多读一读抒情类的文章，培养自己的语感；不会讲故事，就多读一读讲故事的文章。

有了这些文章的框架，再用自己的语言复述出来，长此以往，你的表达语感就会形成。这时你的表达能力就会大大提高了。

第三部分 沟通能力

有了表达能力的加持，你的沟通能力就可以在此基础上培养了。

沟通的目的，就是通过语言交流，最终让彼此的思想都能够达成共识，取得某些效果。例如你跟家人沟通，就是希望对方能够按照你的想法去做；或者你希望通过沟通，能够解决对方不开心这个问题。

也就是说，沟通不像闲聊，可以天南地北地任意胡侃，而是需要通过你的语言，跟交流对象一起寻求最适合彼此的解决方案。

看到朋友失恋，你跟她沟通，就是希望对方可以振作起来；看到孩子不听话，你跟他沟通，就是希望孩子能够安分守己一点；看到老板这么苛刻，你跟他沟通，就是希望员工能够获得更好的待遇。

一篇文章讲述沟通，基本上很困难。但一个好的沟通，应该做到五个方面：

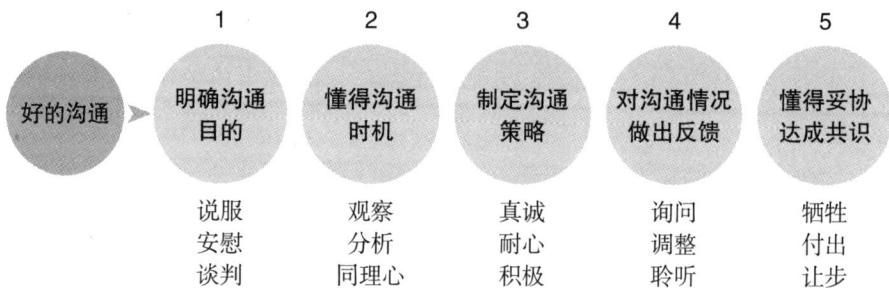

	1	2	3	4	5
好的沟通 →	明确沟通目的	懂得沟通时机	制定沟通策略	对沟通情况做出反馈	懂得妥协达成共识
	说服 安慰 谈判	观察 分析 同理心	真诚 耐心 积极	询问 调整 聆听	牺牲 付出 让步

沟通流程

例如你想让老板提高待遇，这是你的沟通目的，也是第一步。那怎么去沟通呢？

你当然不能在对方刚失去一桩生意的情况下，贸然开口跟他说，结果只会失败；同样，如果你刚入职不久，就要求老板加工资，谁都不会理睬你，因为你没有这个资本。

当你做出很多成绩，而薪金跟你的能力无法匹配的时候，这个时候你跟老板沟通，就会取得不错的效果。这就是要求你能识别出什么时候才是最佳的沟通时机。

正如你看到朋友不开心，你安慰都不去安慰人家，就要求对方帮你做事，谁会答应呢？

第三步就是制定沟通策略。

你看到朋友不开心，这个时候你是拍拍对方的肩膀，简单说几句"你不要这样子"，"你不要哭"，还是坐下来了解对方不开心的原因，然后再针对性地为对方排忧解难呢？

没有一种沟通策略是万全的，只能根据当下的情况、当下的对象来调整。对于别人来说最优的沟通策略，对于你也许就是最糟糕的。

一旦你意识到自己按照当前这种沟通策略没有任何效果，就应该变换沟通方式，换另一种策略跟对方沟通。

在商界，这种类型的沟通案例有很多。这一次大家无法达成共识，下一次调整一下谈判的沟通策略，于是就成事了。

所以反馈的结果，就是对自身策略的调整。看看对方的底线在哪里，也看看自己的接受程度在哪里。

如果你跟女朋友说："喂，给我倒杯水过来。"这个沟通策略很糟糕，超出对方接受的底线，这时你就要调整策略，换成这样说："亲爱的，可以帮我倒杯水吗？给你亲一口！"只要这样说，依然是你接受的程度范围内，牺牲一点脸皮，做出让步，未尝不是好策略。

当双方都能够出于某个目的做出让步，例如不再伤心、不再要高价、不再这么顽固，这时候沟通就算完成任务了。

沟通并不是万能的，不要奢求任何事情都能够通过沟通解决。但沟通，却是我们与外界构建和维持良好关系的有效手段。

那怎么提高我们的沟通能力呢？提高你的情商，你的沟通能力也会随之提高的。这个部分，我在本书的最后一章就会说到。

第四部分　高级说话能力

简单的沟通，只需要你懂得站在他人的角度看问题就行，而高级的沟通，这还远远不够。

有时候，你的沟通需要运用到很多说话技巧，例如演讲的技巧、说服的技巧、谈判的技巧等等。每一种说话能力，都可以根据你自身的需求进一步学习。

不过想要掌握这些能力，必须做好前三部分的锻炼。有了前三部分的锻炼做基础，学习这些高级的说话能力也就不在话下了。

明白自己到底需要提高哪个部分的口才能力，然后再结合自己生活所需针对性去锻炼，口才就会更好地帮助你达到最终目的。

2. 怎么掌握说话的力量
——用一个流程告诉你获得的方法

想要从说话当中，展现出语言的力量，你必须拥有一副好的口才。

而好的口才，一定要由三个方面组成：

（1）良好的心态。

（2）熟练的技巧。

（3）储备的知识。

也就是说，拥有好的心态，懂得运用技巧，加上知识的支撑，才能组成有效口才。

这三个要素，从不同的层面影响着我们的说话能力。有些人私底下口若悬河，面对人群的时候却哑口无言，就是因为缺乏胆量，不够自信。

有些人心态平时挺好的，说起话来却总是词不达意，就是缺乏某种表达能力；而有些人胆量有了，也敢于开口了，说出来的话却没有什么内容，给人感觉印象不深，就是缺乏相应的知识，肚子里没墨水，或者缺乏阅历，没事可说。

所以提高自己的口才，一定要从这三方面着手锻炼。先说说如何培养良好的心态。

提高自己的心理素质

我在前面的章节，已经具体讲述了如何克服影响自己说话的各种心理障碍，这里稍微补充一些。

不敢在人前自如说话，说穿了就是缺乏胆量、自信心不足的原因。

为什么缺乏勇气呢？不外乎就是认为自己不够好，觉得自己的外表、学识、能力等方面上不了台面，担心自己的一言一行会惹起别人的嘲笑，于是只好蜷缩在一角不敢轻易发言了。

当然，还有些人天生内向，长年累月很少接触他人，又缺乏丰富的社会阅历，从而养成了不敢开口的习惯，觉得"言多必失""祸从口出"，为了避免损害个人形象，所以时时刻刻都提醒自己能少说话就尽量少说话，以致造成自己适应不了说话的情况和感觉，从而缺乏表达的勇气。

然而有些事情，越是去逃避，则越是缺乏实践的机会；没有实践的机会，就得不到相应的锻炼，生活永远都局限在一个很小的范围里，自己又怎能进步呢？

这可不是单单是说话的问题，也会由此造成其他问题，例如人际关系、工作上的拓展、恋人间的相处等，都会受到牵连和影响。

要提高自己的心理素质，自信和勇气是很重要的因素。所以，获取自信的第一步，就是正确地评价自己，用积极的态度去肯定自己已有的东西。

你不妨将自己的兴趣、嗜好、才能、专长等方面全部列在纸上，看看自己目前会的事情是哪些，不会的事情是哪些；做得好的是哪些，做得很吃力的又是哪些。记住，千万不要跟别人对比，一定要跟自己比较。

例如你写文章比起做手工更得心应手的话，说明你写文章比做手工更有潜力。相比看一些经济方面的新闻，你更喜欢科技方面的东西，说明你的兴趣集中在这些事物上面。列出一张表，看看自己到底是怎样的一个人，然后从擅长的方面培养信心，再一步一步慢慢提高自己，长此以往，你的自信心就会积累到一定程度了。

提高语言的表达能力

所谓熟练的技巧，就是你的说话技巧和应变能力。在生活中，我们所说的话，基本上可以涵盖以下八个方面：讲述、论述、描述、反驳、指示、解释、汇报、应对。

其实这些都可以归纳为："你怎么说"。也许你一定听过这句话：你怎么说比你说什么更重要。

是的，你说什么根本不重要，重要的是，你以什么方式说出来。这八大类别，在不同的情况和场合下，都各有作用，相互穿插，交织影响。在日常生活中，很难单独运用。你的讲述中，肯定有解释的时候；你在回应别人的时候，肯定有论述的成分。

你当然可以针对性地提高这些说话能力，正所谓缺什么补什么。但我相信，只要你说话的基本功锻炼到一定程度，那么提高这些能力也只需要"举一反三"而已。那怎么锻炼这个基本功呢？

用什么方式去锻炼自己的口才

逐一提供训练这些能力的方法未免太烦琐，我通过一个具体的流程运作来说明，如何通过以下这个方法来锻炼口才。

首先，准备一段材料，我建议是一篇演讲稿，几百字就可以，然后去朗读它。记住，朗读一定要最大声、最快速、最清晰，缺一不可。

开始朗读材料的时候，你肯定会读得磕磕绊绊，没关系，一直朗读下去，而且一次要比一次读得快，直至自己能达到的最快速度，可以流利顺畅说出来为止。这时你的口腔肌肉得到锻炼，声音也敢于由内而外发出来，这跟大声歌唱无异。只要你能够用最快速度把文章读出来，你的思维也会连贯起来，这是速读法的运用。

当然，如果你在朗读的过程当中，遇到不会念的字词，或者觉得自己的发音不是那么标准，你最好查字典找出准确的读音；如果实在不知道怎么念，现在手机上有很多帮助发音的App，按照App上面的发音跟着去读，你就能够纠正自己错误的发音。但大声朗读一定要坚持，只有这样，你才可以改正说话声音细小、中气不足的毛病，做到字正腔圆。

好了，当你拿起这篇演讲稿就能用最快的速度读下来后，是时候背诵它了。我相信你读了这么多遍后，你多多少少都会记得这篇演讲稿的内容。但我不会刻意背诵，因为当你读得多了，你的大脑自然就会背起来。我十年前背的古文，到现在都可以流利、一字不差地背出来，就是因为当时我读了几十遍，每一遍都是用大声的速读法来读。

但为什么要背诵呢？想一想主持人每个节目的开场，是不是都有开场白？"各位观众，欢迎收看×××，感谢×××对我们的大力赞助，接下来我们为你们奉上最精彩的表演！"这个开场白，一旦你熟悉了，有了这个框架，就算主持其他节目，只要把这句话的词汇换一换，再加上适当的话，就可以拿来用。

没错，背诵的作用就是积累说话的框架。只要这些框架多了，你的语库自然丰富，面对任何场合，说话自然"手到拿来"。适当积累一些不同场合说话的架构，如祝酒词、自我介绍等，很有用处的！

但我们不可能死记硬背这么多东西，一定要有自己的想法。这个时候，你就要复述它了。

在学习领域中，有一个方法叫作费曼学习技巧。这个技巧有四个简单的步骤：

（1）选择一个学习的材料。

（2）把它教给另一个完全不懂的人。

（3）讲述期间如果卡壳，回到原始材料获得理解。

（4）尽量调整自己讲述的语言，使之更有条理和清晰。

而复述，就是通过这技巧来增进自己的语言表达和梳理自己的理解。当你把一篇演讲稿背熟了之后，你就可以用自己理解的方式把它复述出来。这时候的语言完全不用按照原文一词一句都相同，尽量使用个性化的语言。

例如原文写着"此类方法简直让人难以置信"，你复述的时候就可以口语化，说成"这种方法，简直让人很难相信"之类的。有时候你还可以从中添加自己的看法，如"这种方法啊，对于有经验的人来说，简直很难让人相信"，等等。

刚开始你可能复述得不是那么好，不是遗漏这个地方，就是漏掉那个段落，没关系，随着你不断重复的复述，你对这篇文章越来越熟悉，你的复述就会越来越有感觉。同一个意思，你可以用其他句式表述出来，这就是复述的力量。

复述，就是用你自己的话，表达其他人的意思。以后当你这个能力提高了，就不需要以背诵来建立说话架构打基础了。看了一篇新闻，你就能够很容易给人复述出来。但如果你不经过背诵—复述这样的对比训练，你是很难掌握那种复述的好坏感觉的。

有了复述的语言练习，那么进行描述锻炼，也只是在这个基础上进一步提高而已。如果说复述还有材料让你参考，那么描述，你就是发表第一手资料的那个传播者。你看到一件交通意外事故，去过某个漂亮的地方旅游，别人都不知道，这时你的描述就派上用场了。

描述跟写作文很像，把重点的部分着重说出来，次要的部分就轻描淡写一些。这跟你的观察力有关。例如你看到一栋宏伟的建筑物，你要怎么通过说话去让听众感受到那种宏伟，这就需要你的话建立在很好的观察上，连你自己都不知道那个东西是什么样子，怎么讲给别人听呢？

但值得注意的是，想象力也很重要。把你不太了解的部分，通过想象力来弥补其缺失，对于说话也有很大的辅助作用。至于你能不能把想象的事物很好地说出来，也跟描述能力有关。怎么提高呢？多做看图说话的练习，就可以了。这个"看图"，在生活中俯拾皆是。以后你面试，HR 让你说一说你以前的工作是怎样的，就会用得着你的描述能力了。

至于模仿，顾名思义，模仿说话厉害的人的说话方式，但我有更好玩的锻炼方法，怎么做呢？回到上面的方法来，把你读的那篇演讲稿，模仿各种喜怒哀乐的语气说出来。

这种事，脸皮薄一点都不愿意做。明明文章这么严肃，却读得好像遇到喜事那样，你就会觉得很别扭。这种别扭，就是阻碍你跟人说话的因素。当你把一篇原本很严肃的文章，可以读出高兴、伤感、愤怒的感觉时，无形中会锻炼你的脸皮的！一旦你能够做到这样，适应了，就不怕丢脸了。

最后讲故事，就是综合前面五种方法去练习讲述。当你看完一个故事后，运用前面的技巧练习，直到自己能够脱口而出去讲述。在这个基础上，你就可以用复述的方式去"表演出"这个故事的情节内容。

毕竟一个好的故事，不仅能给你提供复述的材料，你还能够以此复述出来给别人听，甚至学会故事中如何描述一件事和一个人，然后通过模仿，学会故事中的角色用什么语气说话。坚持下去，你的口才能力肯定会大大提高。

这种训练，按照这个流程我建议一星期拿一篇文章出来练习就足够了。经过一个月的坚持练习，你说话的技能就可以提高不少。

应对能力的训练

应对能力很重要。

一旦我们在说话的过程中出现了一些意外，例如说错话、发生口误、被对方刁难等，应对能力就可以挽救我们，甚至化腐朽为神奇。

应对能力跟你思维的敏捷度有很大的关系。那有什么方法可以锻炼自己思维的敏捷度呢？

大概有三种方法：

（1）自问自答。

随便给自己抛出一个开放性问题，然后五秒钟之内立刻回答。不管回答得怎么样，都要构成一个完整的论述。如：

问：你觉得积极的态度对人际关系有什么帮助？

答：其实没什么特别大的帮助。只是有时候积极的态度，跟别人相处起来会更舒服而已。因为人家会被你的正能量感染，所以聊起来也会更热情、更主动。

（2）词语接龙。

用词语最后的一个字作为开头，然后一个接一个地说下去，其间可以用同音字，但最后一定要接上第一个词语的第一个字。每次看到一些词语，有意识地进行联想，会调动我们的思维。如：

明天——天空——空间——间隔——隔天——天明。

人生——生活——活着——哲人。

这个方法进阶的玩法就是句子接龙。随便拿一句话，然后接着说下去，如我觉得人生是一个负责的游戏。然后接着说下去，尽量在十句以内完成一个观点的讲述。不过这个游戏最好多人一起训练，这样效果更佳。

（3）故意反驳自己。

想要让自己的思维敏捷，就是你说的观点，各个方面最好考虑到。所以当你说出一个观点，然后你能够从相反的角度去反驳，那么你就可以锻炼出思维的发散性。如：

正面：我觉得阅读网上的文章可以帮助自己的学习，因为现在网上可以搜索到很多最新的资讯，然后结合自己的学习目的，可以在网上学到本书学不到的知识。

反面：我不认为这样可以学到更多东西。我们每天都用手机上网看信息，但我们能够学到多少知识呢？我们看书可以长时间集中在一个主题阅读上，而看网上的文章，正因为信息太多，杂乱又不统一，为了完成阅读，我们很快就能够把文章看完，甚至连思考都没有。这样的方式根本很难学到东西。

从易到难，每天给自己设置一些挑战，只要坚持一段时间，我们的口才反应能力肯定会大有增进。

当然，良好的思维反应能力，背后需要大量的知识积累。而口才这种能力，主要体现在我们说出来的话到底具备了多少有价值的内容。这些内容就来源于我们的知识储备。

你肚子里的墨水多的话，你说起话来自然言之有物。平时多读书，多看报，多留意新闻，甚至增加阅历，多经历世界，多体验生活，也是积累的一种。

至于怎么积累知识，才能转化为我们口才的谈资，我会在后面的章节详细论述。但刚开始锻炼口才，如果不经过上面的基本功练习，就算你脑子里有货，也未必能够把话说得尽如人意，不是表达不清楚，就是遗漏了一些地方没有说。只有经过锻炼之后，就算让你即兴说一些事情，你也可以把脑子里的知识说得得心应手。

也就是说，无论以后你去面试、谈判、聊天、社交、演讲，只要有了上面这些练习打基础，就算你想学会这些不同层面的说话，也无须花费太多工夫就能够掌握，发挥出语言的力量。否则，现在你拿起一本演讲的书，你看得再认真，也很难短时间提高演讲的技巧。

所以，就像学习开车或学习游泳那样，坚持锻炼自己的口才吧！流水不腐，户枢不蠹，经常多说多讲，才能够提高自己的口才。

最重要的是，你一定要行动起来！

3. 说话气息不足怎么办
——运用唱 RAP 的方式去练习吧

上一节我说过，锻炼口才最好从大声朗读文章做起。

但无论是朗读文章，还是锻炼说话，你必须有足够的气息，才能够让自己说出来的话饱满悦耳、铿锵有力。

否则，气息不够，你就很容易把话说得不连贯，断断续续，让人听起来沉闷乏味。

而想要提高自己的气息，唱 rap 的歌曲，可以说是寓教于乐的锻炼伶俐口齿的不错方法。你一来唱着自己喜欢的歌曲，二来还能够给你的口腔肌肉做"健身"。当你完成一次又一次的锻炼，你说话自然就会改善发音不清晰、声音细小、不流利等毛病。

这个方法，具体怎么做呢？

不要刻意背诵

我第一首 rap 的启蒙歌曲，是潘玮柏和苏芮合唱的《我想更懂你》。这首歌是一首偏向抒情旋律的说唱歌，而潘帅在其中那两段说唱，我觉得快慢适中，于是当时萌生了这个念头，可以跟着 rap 来，看看自己能不能 rap 得流利。

这首歌我已经听了不下二百遍吧。刚开始练习的时候，我连歌曲的节奏、停顿的位置，还有轻重读等不同的细节都无法掌握，只能一句一句地边听边试着 rap。重复多次后，大脑终于有了感觉，也渐渐可以看着歌词来说。

当然，有时候念得太快，还是会有错字漏字等情况发生。当我不断从错误中修正练习，最后就能够完整地念出来。不过，如果不看歌词，我还是会忘掉。

想要背诵某些内容，千万不要刻意背诵，一定要不断重复大声朗读十几遍，让其印在脑海中，这种背诵才能够提升我们的说话能力。

所以，当我用了几天时间，不断重复 rap 这段歌词后，突然有一天，当节奏响起来，我就能够自然而然地跟着潘玮柏的声音一起 rap 了，而我依然没有刻意背诵过。

搞定这首歌后，我突然有种自信提升的感觉，好像攻破了一个难关似的。

然后，我就开始接着寻找其他 rap 的歌曲，来锻炼自己。我以前说话的声音很没自信，非常小声低沉，病恹恹似的。用这种声音来唱 rap，就算唱得再熟悉，还是唱不出 rap 的感觉，反而像和尚念经那样。

为了改变这种情况，我开始有意识增强自己说话的气息。

科学发声的呼吸方法

大部分演艺人员入行时都需要经过正音的训练，让自己说出来的话饱满、清晰、悦耳，所以我们听他们访问说话，很少会出现那种中气不足的情况。

想要做到这样，就要不断锻炼自己的气息，调整你的呼吸模式，让说话的感觉充满力量，而唱 rap 的歌曲，对气息的要求就更高。

你可以做做看，你以一副泄气的姿态说一句"我要努力"，跟你深呼吸一口气不呼出来这个姿态来说，是不是感觉不一样？前者很泄气，没什么力量，而后者就能够有种把自信吸在身上的感觉。

这里我要说一下两种呼吸方法，就是胸腔呼吸和腹腔呼吸。

我们平时说话，大多数都是用胸腔呼吸来换气，就是你吸气，你的胸腔会涨起来；呼气，你的胸腔就会瘪下来。这种呼吸方法，会让我们说出来的话不够力量，就好像没有支撑点一样，无法让我们的话"喷口而出"。

而腹腔呼吸，就能够弥补这个缺点。当你吸气，你就感觉到你的腹部涨起来，这就是所谓的气沉丹田；当你呼气，你的腹部就陷下去。从胸腔呼吸转换成腹腔呼吸，就需要你呼吸的时候，用肚子来吸气呼气，而不是用胸口。

你可以把手放在自己的胸腔和腹腔对照呼吸，看看能不能感受到这两个部位的变化。

当你的呼吸方式调整好后，接下来就要锻炼你的口腔肌肉，这个步骤，就是让我们说出来的话拥有饱满感。

锻炼你的口腔肌肉

现在试一下，说一句英文"I like you"。

我要求你的嘴巴尽量不要动，用这种姿态来说这话，你听一听是什么感觉。然后，再尽量张大嘴巴来说这句话，你又听一听是什么感觉。

是不是张大嘴巴说出来的这句话会圆润、饱满一点呢？因为 I 和 like 的英文读音里都含有元音，而想要元音说出地道的感觉，就需要你张大嘴巴来发音。

也就是说，缩着嘴巴来说话和张大嘴巴来说话，就好像是说"That's my bed"和"That's my bad"的感觉。因为 bed 和 bad 的发音，听起来很像，其实是两种发音，前者是在口腔没张那么大的情况下说，后者就是张大口腔来说。

所以，如果你想要让你说出来的话充满力量，给人圆润饱满的感觉，你在调整呼吸方式的前提下，尽量张大你的嘴巴来朗读或者唱 rap。

当你经过这样一段时间的锻炼后，你的口腔肌肉就会慢慢适应说话的那种"发声范围"，以后就算你不刻意这样做，你说出来的话也自然不会轻声细语，而是字正腔圆了。

练习绕口令

有了这些做基础，剩下的就是锻炼你说话的流利程度了。

我说过，朗读用最大声、最清晰、最快速的方式，才能够锻炼到我们的口齿。如果你对于读文章这种练习很枯燥，那么听喜欢的说唱歌曲，rap 一下，就能够多一点趣味性。

所以在熟悉《我想更懂你》这首歌的 rap 之后，我又继续挑战了 S.H.E 的《中国话》，这首歌算是绕口令的歌唱版，而且在《汉语桥》这个外国人比赛中文的节目里，那些外国选手作为表演曲目唱出来。外国人都能够 rap 中文这么流畅，我们又何尝不能呢？

用绕口令来锻炼，能够提高我们说话时嘴唇和口腔的反应能力，从而提高我们说话的流利度。坚持读绕口令，用最大声最快速最清晰的方式去读，坚持一段时间，效果就会显现出来。实在坚持不了，唱唱歌也行。

信和薛岳的《如果还有明天》，后面有柯有伦的 rap，我也非常喜欢，非常适合用最大声最快速最清晰的方式去 rap。念完，你会觉得口腔做了一次非常健康的运动。湖南的说唱组合 C-BLOCK，因为曾经看到《天天向上》其中一期里面有他们的身影，我也找了他们的歌曲来练习，有些挺好听的，例如《the second love》。

后来我还挑战了英文的 rap，黑眼豆豆的《where is the love》和 fort minor 的《remember the name》，林肯公园的《in the end》都是我那时经常练习的曲目。不过由于英文有太多连音，读起来还要一气呵成，没什么必要就不要挑战了，练得不好，没有成就感，容易产生挫折，所以还是找中文歌曲练就好。

找 rap 的歌曲，我无法推荐什么，因为有些歌曲你觉得不好听，没有什么激情，那么练习起来也没有动力。所以，还是得靠个人去搜索。

对于如何更好地上手，这里有几个建议：

首先，这首歌你必须熟悉到能够哼出它的旋律。听了上一段，你就能够哼得出下一段。旋律不熟悉，你去练习 rap，就本末倒置了。

其次，对于 rap 的歌词，你自己先读一遍，稍微熟悉一下整段说出来的感觉。否则还没有感觉你就硬 rap，很容易出错，出现念错字、掉字等问题。

最后，重复练习是熟能生巧的唯一方法。不断听，不断念，不断唱，直到你能够字正腔圆地把歌曲 rap 出来，而不是好像和尚那样喃喃念经的感觉，基本上你的口腔肌肉就会得到锻炼，以后说话也会很自然流利了。

对说话小声、含糊、不清晰的朋友，通过唱 rap 来练习，既能够有帮助，又不会感到枯燥，有兴趣的可以试一试。

4.如何提升你流利的讲述能力
——音频日记练习法

锻炼口才的方法有很多，但根据我对人性的了解，应该很少有人能够每天按照这些方法坚持锻炼。

问题出在哪里？

究其原因，大概是所有的这些锻炼方法，都跟我们自己"没有关系"，就好像用研究生的数学题来锻炼我们平常的逻辑思维一样，脱离了我们本来的实际生活，于是我们就没有那么大的动力去坚持练习了。

那什么样的方法才跟自己有关系呢？那就是运用自己的生活事迹作为素材去锻炼。

这个方法，就是记日记。不是写下来的那种日记，而是音频日记。

是的，我口说我心。

现在手机上已经有不少能够提供录音的 App，例如有道云笔记或者印象笔记等，你可以把自己的话录下来，建立一个专属的语音日记档案，然后保存在这个 App 里面。

但具体要怎么做，才能够用音频日记这种方法锻炼到自己的口才呢？以下，是我提供的一些参考准则。

（1）你要确立今天录音的主题。

你每天肯定都会多多少少遇到一些事情，不管是好的还是坏的。

而这些事情，肯定也会多多少少带给你某种心理感受。即便你整天待在宿舍里或者家里，什么事都没干，如果你觉得心情烦闷，那这就是你的心理感受。

于是，你就可以确立你今天的录音主题：心情烦闷的一天。

总之，这一天留给你什么样的感觉，你就以此作为主题；或者这一天发生的事情，带给你什么样的感想，你就找出这个情绪的发泄口，然后围绕着它去诉说。跟我们写日记的做法，并没有太大的区别。

没有主题，你就无法组织有条理的语言去讲述。天马行空地任意乱编，对于说话思维的锻炼，是没有实质的帮助的。

有了主题，第二步就是给说话的内容做文章。

（2）组织录音的内容。

说话一定要做到有条理，才能够提高我们的口才。当你有了说话的主题，接下来你就要组织你录音的内容。

怎么组织呢？

正如我在之前文章提供的表达流程那样，先观点，接着理由，最后附上例子说明。

你觉得今天心情烦闷，那么你就要解释，为什么你会觉得心情烦闷，或者是什么事让你觉得心情烦闷。

然后你就要把导致你心情烦闷的事情，大概地说出来。如：

我今天一整天的心情都很郁闷，什么事都没做，整个人都浑浑噩噩似的，一点精神都没有。因为，我丢了一块钱了！对，我丢了一块钱啊，一块钱！现在我没钱买房子，没钱买跑车，没钱跟女朋友吃自助大餐啦！我怎么会这么大意丢了这一块钱呢？回想起来，应该是我去超市买内裤，掏钱付款的时候，这一块钱从我裤袋里溜走的！李白说，千金散尽还复来，现在我丢了一块钱都还不复来，这样的人生有什么意思呢？烦闷，真烦闷！

其实观点—理由—例子这个表达方式还可以简化，就是先感想总结，后故事讲述；或者先故事讲述，后感想总结。

总之，当你确立要说的主题之后，你就要按照这种方式去组织说话的内容。

每个人每一天都有自己独特的经历和感受，无论怎样，说自己的事情总要比说其他东西容易得多。而刚开始练习，你最好按照这种方式去组织你的说话内容，就好像在做一场私人的演讲一样，从而形成表达的习惯。

否则，你的录音跟平常说话没什么差别，就起不到锻炼的作用了。

（3）录音说话的过程一定要流畅。

这个步骤，对于口才的锻炼是非常重要的一个因素。

你每一天的录音日记，整个过程一定要自然流畅，不能卡壳，不能迟疑，不能停顿，不能沉默，不能口吃。

如果有，重来！

没错，就是重新再录一遍。

刚开始，假如实在做不了这么标准，那么每次录音最好不要超过三次出现这种情况。试想一下，你要是这样说：

今天我的心情很烦闷，因为呃……我觉得呃……我丢了一块钱……为什么丢了一块钱呢？呃……就是呃……昨天去超市的时候呃……

这种说话方式，根本无法锻炼出你流利的口才！所以一旦你说成这样子，重来，再录一遍。

当你把原本说得不顺畅的话语，随着自己一遍又一遍的重复说出来，你就能够把这些话说得越来越熟练，越来越流利。

每一次的重复，对你说的话都是一种锻炼。但刚开始，你不一定非要强迫自己完美录音的，有些错处很正常。即便说错话，只要你能够"将错就错"地蒙混过去，也是一种本事。

好比你把"这种生活真的是一种享受"说成了"这种生病真是一种享受"，这是口误。如果你不想重录一遍，你就运用自己的机智蒙混过去，说：为什么我会把生活说成生病呢？只能说，我的生活真的生病了。这样生病的生活当然不是一种享受，所以好的生活，应该没病没痛的。

再者，如果你在说话的途中，需要思考接下来要说什么话，那你千万不要用沉默或者停顿的形式去思考，一定要用一边说话一边思考的形式来填充这个沉默。例如：

今天我不开心，为什么不开心呢？（其实这个不开心的原因真的让我觉得很惊讶，我都不知道为什么会有这样的事情发生，但事情就是这样发生了），就是我丢了一块钱！天啊，丢了一块钱啊！（怎么会有这种事情发生呢？我也不知道，有时候命运就这么讽刺），因为昨天逛超市的时候，就无意中丢了这一块钱。

括号里的内容，就是填充思考的"废话"，这是强迫自己不冷场的一种方式，也是我们在平常生活中应对冷场时的思考方式。如果你冷场超过三秒，或者无法做到这样子，录音的过程还是磕磕绊绊，沉默下来思考，那就重录一遍吧！

当你能够把整个录音都用一种非常流畅的方式完成，你口才的能力就会从中慢慢得到提高。

这一点，你一定要认真对待。

（4）设定好录音时长。

我建议每一次录音，能够做到三分钟左右就好了。

如果你有更多的事情不吐不快，那么说个五分钟甚至更长，也是你的自由。毕竟你是在记日记，记录你每一天的感受而已。

当作是你的回忆也好，当作对自己人生成长的一种监督也行，记下自己每天的生活状况，录音日记这种方式，对于我们来说都是有百利而无一害的。

刚开始，你没必要录得太长，因为你的录音要做到以上的要求，你可能要花上一定的时间去适应。但这点时间，你在临睡之前，都可以挤出来。

是的，每天临睡之前，通过这种方式总结你一天的生活，还能够锻炼自己的口才，这可谓一举两得。要是这样子，你都坚持不下去，那我真的帮不了你了。

每天晚上，抽出一点时间做这件事吧。

（5）更高级的要求。

你能够做到以上的要求，坚持一段时间，你的表达能力肯定会有所增长的。

但如果你想要对自己的锻炼有更高的要求，那你可以尝试加插一些更高级的方式用在这个录音日记上面。

①你说的话，一定要跟说话的内容有相应的情绪。

例如你今天讲述的内容里面，有开心的地方，那么你录音的时候，一定要用这种开心的情绪去讲述；如果当中有无奈的地方，就用无奈的情绪。总之，你说话的情绪，最好对应说话的内容。

②在讲述故事的时候，对应不同的角色来说话。

例如你今天遇到的事情，跟其他人有关，而且那些人曾经跟你有过对话，那么当你录音记录这个过程的时候，你就要一人分饰几个角色，把他们的对话也一起复述出来。他是怎么怎么说，然后你又是怎么怎么说，好像小说对话那样，用相应的语气讲述出来。

③不一定记录生活，也可以记录其他内容。

你看了一本书，有自己的读后感；看了一部电影，你想说出自己的感想，你都可以通过这种方式去录下你的心声，不一定局限在生活琐事上面。不过跟生活琐事相比，在刚开始练习的时候就去做那种录音，难度相应比较大。

所以用自己每天的生活事迹去开始练习，有了感觉之后，你再用其他事情去做录音日记，就是一种更高级的玩法。

5.怎么获得演讲的技能
——掌握演讲的基本法则

很多人锻炼口才，往往都是从学习演讲开始做起的。

如果你能够从演讲当中学会表达的能力，那你的口才就会获得很大的提升。正如丘吉尔那句名言说的那样：一个人能够面对多少人讲话，他的成就就有多大。

所以，掌握演讲的基本法则，然后以此来提升自己的表达，你的口才就会大有提高。

而想要很好地完成一场演讲，通常从三方面入手提高。

（1）心理。

（2）内容。

（3）技巧。

简而言之，你首先要有足够的自信和勇气站到人前，然后规划好你要表达的内容，最后在演讲的过程中，运用恰当的技巧，把这些内容很好地传达给听众，感染他们。

这三方面各自发挥的作用，我相信任何人都能够明白。这些要素，只不过把我们平常对话的流程，用一种相对正式的形式放大并去做而已。所以想要把演讲做好，说简单也算简单，说难的确也算困难。

说简单是因为我们每个人都有过说话的经验，只要加以练习，我们就能够把这个说话经验提高，用在演讲上面；说困难，是因为如果我们平常生活当中没有注意积累，或者练习不得法，我们就很难把演讲做好。

那这个准备，应该怎么去练习提高呢？

改善心理

准备，就是集合你的信心、思想和口才技巧。这些东西，本来都是我们应该有的。所以当你需要准备一场演讲的时候，你就是把这些你本来拥有的东西，通过某种方式的整合，把它们呈现到听众的面前而已。

如果你本身就是一个缺乏自信的人，那么你当下要做的事，不是写一篇出神入化的演讲稿，而是把自己的自信心提高，至少让它提高到不会成为你进步的障碍。

同样，如果你本身的思想比较贫乏，对这个世界没有属于自己的看法，不是人云亦云，就是懒得去思考，那么让你去准备演讲，你也不知道要说一些什么东西。更不用说，你要把技巧结合到你演说的内容上了。

这些东西，不是为了演讲才开始注意练习的。任何时候，我们都需要积累这种能力。

但对于如何改善我们的心理，建立自信和勇气，这个真的只能靠你自己。毕竟这种特质，不像规划演讲内容那样，有一个有迹可寻的流程让你照着做，一下子就能提高。它需要通过不断挑战自我，不断积累经验，才能够让你在潜移默化中改变。

什么方法都是假的，只要你敢于踏出第一步。

一般来说，克服恐惧，提高自信，不外乎以下这几种方法：

（1）自我激励。

心理学表明，由自我启发、自我暗示而产生的学习、行为动机，就算这种心理是佯装的，也会使学习、工作取得良好的效果。无论任何时候，发现自己的优势所在，用积极的语言鼓励自己，不要暗示自己紧张，然后由此去改善，你的心态就会变得更好。

（2）锻炼胆子。

面对陌生的人和事物，我们总是很容易退缩、害怕，想要让自己大胆表达，最好的方法就是让自己习惯开口说话。所以，在任何场合，你都要积极创造与人交谈的机会，试着与他人闲聊、寒暄、攀谈，说话的次数多了，自然就会成为习惯，减少恐惧感。

（3）熟能生巧。

想一想，你刚拿驾照的时候，是不是害怕自己成为"马路杀手"呢？因为你的驾驶技术还不是很熟练。但如果你每天开车，不断练习，天天在马路上驾驶，这样做的次数多了，你对一切情况都会掌握，这时你的驾驶技术就会变成你的能力的一部分，大脑将其变成身体的本能，你自然也不会担心害怕了。锻炼演讲，背诵演讲稿也是如此。

（4）借力打力。

你有没有玩过过山车呢？坐垂直过山车的时候，你会紧张吗？你会紧张的话，那就对了。当你因为其他事情而感到紧张的时候，记住这种感觉，试着在这种情况下去练习说话。我以前在坐过山车之前，都会背诵一些内容，看看自己处于紧张的情绪下，能不能把这些内容背诵出来。或者在跟喜欢的人约会之前，我会把一些提前准备好的对白说一遍，看看自己会不会被紧张的心理影响。这样的事情做多了，我自然就不会被紧张恐惧这种情绪吓退了，很容易做到从容自若、淡定自然。

演讲内容

一篇演讲，当然有开头、中间、结尾三部分。

开头这部分的目的，就是我们一开口，就能够吸引听众的注意力。有很多种方法，诸如制造悬念、运用幽默、引入故事等。

不过法无定法，怎么开头，最好的方式就是结合当下的环境来说。从前上学那种方式，如"各位老师，各位同学，大家好，今天我要演讲的题目是……"，太死板了。每个人都这样说，就没有自己的个性。

所以，如果你演讲的题目是《如何成为一个奋斗的人》，那么根据你接触到的环境，比如你看到台下有一个小孩在妈妈怀中，不断哭闹，要玩手机，引起大家注意，这时你就可以这样开头：

大家好！我相信在座的每个人，今天来到这里的目的，就是希望自己可以成为一个不断奋斗的人。问题是，什么时候才需要奋斗呢？各位看看台下这个正在哭闹的小宝贝，就知道答案了。他不断嚷着说："为什么妈妈才可以奋斗？我也要，我也要！"所以，想要成为一个奋斗的人，不分年龄的，只看你的思想觉悟。

然后就可以开始说演讲稿的内容了。

至于中间这部分内容，根据每个人的演说目的而决定，也是一场演讲中最重要的内容。例如你要说的题目是《如何成为一个奋斗的人》，那么中间部分，就是为了阐述这个题目而做出的说明、解释、举例或者引经据典去印证你的观点。

当你聚集了一定的思想或者可以叙述的材料之后，接下来，就是把这些材料系统地讲述出来。通常，材料的安排一般都按照以下这些规则：

（1）说明题目。

（2）好处的陈述。

（3）坏处的警醒。

（4）实行的方法。

（5）结论。

这些规则，我们平时写文章多数时候都会用到。所以根据这些规则，我们演讲的内容就可以针对性地说一说对听众有帮助或者感兴趣的事情。

应用到"奋斗"这个题目，那么就可以说说，我们为什么要奋斗；奋斗会带给我们什么好处，给听众描绘一些美好的愿景，如举例屌丝通过奋斗娶到白富美，平民通过奋斗可以获取财富，等等。这是鸡汤文的一般做法。

除此之外，还要说一说不奋斗的坏处，通过对比，让人们知道不奋斗的人生，怎么落魄，怎么无奈，怎么怨天尤人等。

接着给出一些可行的方法和建议，解决"如何成为"这个问题，让听众有所得。说完之后，最后当然就是总结陈词，重述你的观点了。

不是每一篇演讲都需要按照这个流程，这只是一些论说性质的演讲技巧。如果是抒情叙事类的，就可以按照前因后果，由事生情，从中得出感想体会来表达自己的观点。

但总的来说，演讲的目的，不是说服听众接受你的观点，激励他们行动，就是影响听众，感染他们的情绪，所以在内容方面，一定要符合他们的兴趣和期待。

最后是结尾部分。

其实怎么结尾，就要看你需要营造什么样的感觉。你想要余音缭绕，那就留下一个让人充满想象的空间。如：

这个世界平均五秒钟就有一个人自然死亡，平均十秒就有一个人死于疾病，平均三十秒就有一个人死于杀害。你每天醒来，就有一群人离开这个世界。生命就是如此脆弱。

当你第二天睡醒之后，发现曾经在身边的人已经不复存在，你会有什么感觉呢？请好好珍惜你爱的人吧！

同样，你需要欢快的感觉，就幽默一下；需要沉重的感觉，就说一些伤感的事；想指引别人奋发向上，就热情高亢地发出呼唤。从结尾中，带出你的观点，加深听众的印象，这样你的演讲就能够前后呼应了。

无论用什么方法结尾，你都要做到结论自然有力、简洁明快、恰到好处。否则，该结尾的时候不结尾，很容易造成听众情绪不耐烦的。

诸如"我还想说几句""我再补充几句"这种说法，就是一种负面例子。

一篇演讲稿怎么写，取决于你想要表达的内容，但其目的都是让听众明白你想要表达的观点。所以怎么让听众能够接受或者理解你的观点，技巧的运用就很重要了。

技巧运用

其实所谓的演讲技巧，只不过是如何通过你个人的特性，去润色你的演讲内容而已。

同一篇演讲稿，让不同的人讲出来，会产生不同的效果，这是因为每个人的个性不一样，发挥的技巧也各有特色，从而造就了千差万别的感觉。

但不管是什么演讲稿，我们都需要根据演讲的目的，来对其进行润色。一般来说，润色有两个方面。

（1）讲述的内容（形象、直观、具体、明确）。

（2）情绪的表现（声音、语气、表情、动作）。

在讲述方面，我们需要结合演讲的目标，有针对性地去润色演讲内容。英国大物理学家胡滋博士说："我有 40 年演说的经验了，最重要的问题，我们应该注意充分准备及努力说得清楚，请记住用比喻来帮助是十分必要的。"

对比以下这些例子，哪一个来得清楚？

润色前：

（1）月球是距离地球最近的星球，约有 38 万公里。

（2）那座古堡非常漂亮，非常宏伟。

（3）这个充电宝的电量十分充足。

润色后：

（1）月球和地球的距离，要是开车一分钟可走两公里的话，那么从我们这里到月球，至少要八千天，才可以开到那里。这已经是距离地球最近的星球了，约 38 万公里。

（2）这座古堡就好像是加强版的白宫，占地面积差不多一个标准足球场那么大，而且颜色艳丽，有红、蓝、黄、绿等不同的色彩配搭，给人非常宏伟又斑斓的感觉。

（3）这个充电宝在满电的时候，可以给一部没电的 iPhone 充电五次。

是不是润色后的表述，更能够让听众有一个直观的感受呢？这就是表述的技巧，一定要明确、具体、形象，可以运用比喻这种修辞方式，来帮助听众理解你的表达。

毕竟演讲是一种瞬时产生影响力的说话方式，你不能让别人听完之后，等回到家才明白你的意思。这样演讲的效果，就会减弱许多。所以在内容上，要做到清晰明了。

其次就是情绪的表现。

如果你想让自己的演讲产生感动的效果，你首先要感动自己。这话的意思是，你自己一定要酝酿出其中的情绪，才能够通过演讲传递给别人。

例如你想鼓舞大家奋发向上，你说起来一副死气沉沉的感觉，别人还会被你鼓舞到吗？只会觉得你说的话不可信而已。为了让听众感受到你思想的力量，你就需要运用自己积极的情绪去感染他们。

看看传销的人是怎么做的？他们把话说得连自己都相信了，然后以此去说服别人。你连自己说的话都不相信，还怎么让别人接受？

设想一下，你看到一件恐怖的事情。你用一副若无其事的语气说出来，和一副惊恐万分的语气说出来，别人听起来的感觉是什么？

前者是："刚才我看到一只老虎从我身边走过，吓死我了。"

后者是："天啊，刚才有一只老虎在我身边走过啊，多么危险呀！要不是我赶紧躲起来，如果被它发现我，我就没命啦！吓死我了！"

我相信，前者会让别人觉得这种事没什么恐怖，就算恐怖也没有任何影响力；而后者，就会让人觉得，这种恐怖的事情还在延续着，很可能会影响到他们。

这就是情绪带来的感染力。想要让演讲发挥效果，你就必先学会调动听众的情绪，从稿件内容的安排，再到说话情绪上的表现，层层推进，层层展示，你自然就能够把演讲的内容传达给听众。

至于如何把演讲内容流利地说出来，最好的方法，就是不断朗读和背诵。重复十几遍之后，你就能够体会到，怎么讲才是最好的演说方式。当你做到这样子，准备好一场演讲，也就不是什么难事了。

6.《语言的突破》读后感——十二条书摘和感想

开始学习口才的时候，戴尔·卡耐基的确是第一个引领我迈出脚步的人。

他那本关于提高说话技能的《语言的突破》，是我那时经常翻阅的书籍之一。

这本书对于提高口才有没有实质的帮助呢？坦白说，实质效果不是很大。然而这本书里面的一些内容，却启发大家进一步学习，让我们有了一个清晰明确的锻炼方向。从这个层面来看，这也是一种有用的帮助了。

现在市面上提高说话能力的书籍多如牛毛，学习说话或演讲，似乎也用不到这本书。不过书中的一些内容，在现在看来还是很有参考价值，值得我们揣摩领会。

现在我把我当时画线做批注的地方，摘抄十二条下来，配上我自己的经验体会，希望给同样致力于提高说话技能的朋友们，提供一点帮助吧。

（1）只有常常训练和练习，才可以消除你对众人的惧怕心理，同时努力增加你的自信力和持久的勇气。

每个人刚开始练习当众说话的时候，肯定都会感到胆怯或恐惧。很多人都希望第一次上台，就能够完全消除紧张。但在我看来，这几乎是不可能的。无论你第几次登台，你的紧张感依旧会存在，差别只是强弱而已。

可为什么那些说话厉害的人，不会为紧张而感到担忧呢？就是因为他们经常接触这种场面，久而久之就适应了，习惯了。所以没有更好的办法消除恐惧，只有不断让自己置身于这种场面之中，让自己多感受一下紧张的感觉。经常练习，积累经验，你才能够提高自己的心理素质。

（2）动作好像是跟着感觉，但实际上动作和感觉是同时发生的，所以我们直接用意志去纠正动作，也就是间接地纠正了感觉。

这句话的意思是，当你想表现出一种情绪的时候，通过意志传达到行动上，直接表现出来，那么你就真的会有那种情绪的感觉了。

正如你想克服恐惧，那么你用行动表现出你没有恐惧的样子，装出没有紧张的样子，那么这样就会减轻你的紧张。否则，你一直坐在一旁，经常对自己暗示"我很紧张""我不行了""我做不到"，整个人都不知所措，那么你的恐惧只会越来越大。

（3）发展你演说的第一个方法，也就是最末的方法，而且永远不会失败的方法，就是第一要练习，第二要练习，第三还是练习。

熟能生巧，这个道理谁都知道。当你练习得足够多，你的大脑或者身体的经脉都打通了，那么你就能够自如地运用这种能力了。练习是必不可少，也是非常重要的步骤。

无论做什么事情，保持练习的习惯，就能够掌握当中的诀窍。不断抓住机会练习吧，无论是朋友间的聚会，还是跟出租车司机的聊天，抑或是活动需要你发表意见，主动站出来锻炼，你才能够积累足够的经验，让自己强大起来。

（4）预备演说的意义，就是去思想、斟酌、回想，并且选择最能引起你兴趣的来加以润泽，加以改造成一个新型的、成为你自己的作品。

不管是开口说话之前，还是准备做演讲，你必须对你要说的话做好充足的准备，用自己的个性、思想去润色你要表达的内容。如果我们要说的话，连自己都不知道是什么意思，得出的观点都不是经过自己的思考，那我们怎么向别人传达这种思想呢？

例如你不喜欢另一半有太多的异性朋友，如果你对这个题目有过自己的思考，加入自己的情感和意见，甚至有过自己相应的经历或经验，那么我们说出来的话，不是能够更好地表达出来吗？开口之前，思考和消化你要说的内容吧，毕竟这是你的"骨肉"。

（5）你说的话，最好要举出实例，不可弄成空洞的说教，因为那是很令人讨厌的。

这句话很容易理解了。也就是我在之前文章说的，无论你表达什么样的观点，举例子肯定是一个很好的办法。PREP 法则，先表达观点（point），再给出理由（reason），然后就是例子（example），最后回到观点上（point）。

例如，我觉得星期天去看电影更好（观点）。因为这部电影星期五上映，那时肯定很多人去看，座位会很紧张（理由）。上一次×××上映的时候，人山人海去抢票，就是这样子（例子）。所以你问我什么意见，我认为星期天去看电影会更好（观点）。

（6）有些人讲话，都犯一个共同的毛病，就是只讲他自己感兴趣的事情。

其实，他也应该为了听众的利益而讲话。

沟通，一定要根据听众的反应来调整自己的话语，这才是高情商的表现。我们当然可以谈论自己的事情，但这个谈论，一定要跟当前的话题相关。

你的话作为例子也好，作为佐证也罢，都是围绕着这个话题而做阐述。否则，你滔滔不绝谈论自己喜欢的话题，最终别人肯定会扭头就跑。有来有往，才是双向沟通的根本法则。

（7）听众的态度，完全可以由我们来操控。如果我们忧闷，听众也会忧闷；我们平淡，听众便会漫不经心。

情绪具有感染力。如果我们留给他人的负面情绪多于正面情绪，那么别人自然就会对我们产生不好的感觉。这是一种无须思考，就能够产生出来的感觉。

所以，如果我们想让自己的谈话留给别人某一种印象，我们就要懂得变换自己的语气，调整自己的情绪，然后以此来感染听众，影响听众。谨记，你对说话投入热情，别人对你的心理反馈，就觉得你是一个热情的人。

（8）你怎样说话，有时比起你所说的是什么，还要重要。

任何题材，你说得好与不好，完全取决于你怎么去讲，反而内容的重要性就位居其次了。我们跟另一半表达自己的爱，你是漫不经心地说一句"我爱你"比较好，还是深情真挚地看着对方说"我爱你"更动人呢？不言而喻了。

表达的方式，能够影响听众观感。有些人说话的确没什么恶意，但由于表达方式有问题，于是造成了很多矛盾。所以，适当变换你的用词，调整句式，运用语气语调的变化来帮助自己表达，你获得的效果会更好。从平日的谈话中去改善和提高自己的表达吧。

（9）疲惫的人，是没有引人入胜的魔力的。

你谈话水平的高低，除了说话能力之外，还要加上你的为人个性。这一点，对于公众演讲来说，尤为重要。我们已经厌倦了那些在台上说得平淡无味的演讲人，他们好像机器人一样，只是把稿子上的字句读出来，一点感情都没有。

而我们却更喜欢充满活力、充满生气、充满热忱的人给我们讲话。因为如果这个人连对自己说的话都提不了兴趣，那么听的人，一定也会昏昏欲睡。正所谓"愉快能够产生愉快"。令人欢喜的个性，永远都不会让人感到倦怠。

（10）设法把别人觉得生疏的地方，化成简单而显浅的一些形象，用他人熟知的东西做比喻，把生疏的事物形容得明明白白。

这句话对于我们提高表达能力，有很大的作用。因为我们说话给别人听的目的，就是让对方明白。为了让别人明白，我们不但要透彻理解自己的话语，还要把这些内容用对方明白的方式说出来。科学家之间可以谈论一些高深难懂的公式、数据，但要是他们把这些研究告诉一般人，就需要把话说得非常简单易懂了。

所以你如果希望别人明白你的话，你最好把重点部分用十分生动的话语描绘出来，形成画面感；把抽象的事物用具体的方式表达出来。而运用修辞方式，例如比喻，就是很好的方法。归心似箭，不就是这样一个成语吗？

（11）我们所说的话，可以判定我们每天的遭遇。

这句话，作者有了具体的阐述。就是我们和别人接触的时候，有四件事情容易被人估定我们的价值，就是我们所做的，我们的面貌，我们所说的话，我们是怎样讲话的。

如果我们懂得调整自己表达的话语，运用一些积极正面的词语来跟别人相处，那么我们在生活中获得的感受，也会更积极向上。否则你每天说一些"我很糟糕""我很惨""我没用"等，你每天的感受，只会落得一个负面的心理反馈。你人生的遭遇，也会朝着这个方向变差。

（12）在知识上应得的收获就是：能够正确优美地使用本国的语言。

为什么受过教育的人，他的话语比起一些没有接受过教育的人，会显得更书面一些呢？这就是阅读带来的影响，它会让我们的辞藻不知不觉发生改变。多阅读，多积累词句，多提高自己对语言的领悟力，会让我们的表达越来越丰富。我相信这一点对于提高我们说话能力而言，也是一种非常有用的方法。

希望这些书摘，也能够给予你某些启发。

第四章

掌握表达思维，才是好口才的根本能力

1. 如何让说话变得出彩——四种思维的基本表现形式

思维是说话的根基。没有思维做支撑，你就无法表达出你的思想。

没有经过思维锻炼的人，也能够把话说出来；但如果你的思维能力得到锻炼，那么你说出来的话，就会更接近自己的想法。更重要的是，你能够更自如地运用你的说话能力，让其为自己服务，真正发挥出语言的魅力。

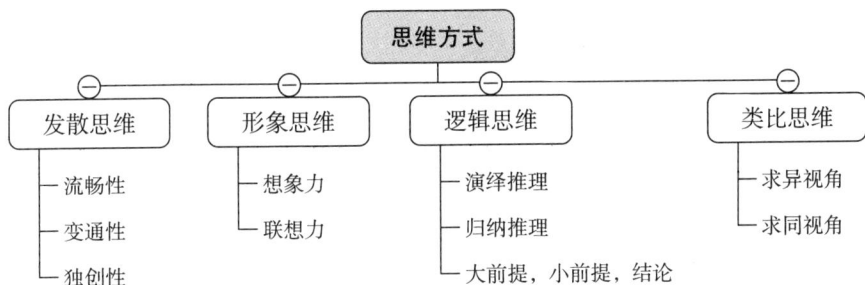

```
                        ┌─────────┐
                        │ 思维方式 │
                        └─────────┘
      ─────────┬─────────┬─────────┬─────────────┬─────────
   ┌───────┐ ┌───────┐ ┌───────┐          ┌───────┐
   │ 发散思维 │ │ 形象思维 │ │ 逻辑思维 │          │ 类比思维 │
   └───────┘ └───────┘ └───────┘          └───────┘
    ├ 流畅性    ├ 想象力    ├ 演绎推理           ├ 求异视角
    ├ 变通性    └ 联想力    ├ 归纳推理           └ 求同视角
    └ 独创性              └ 大前提，小前提，结论
```

说话常用的思维方式

说话的思维，跟我们平常用于解决问题的思考方式并无二致。但是很多思考能力强的人，也未必能够把话说好。因为这需要持续针对性的锻炼，才能形成习惯，把这些思维能力应用于说话上面。我们也无须很聪明才有资格去学习，只要通过适当的锻炼，我们一样可以掌握它们，为己所用。我举一个例子说明。

A：砖头有什么用途呢？

B：可以用来盖房子，砌墙啊！（常规思维）

A：除此之外呢？

B：你喜欢的话，也可以作为礼物送给别人；或者你想不开的时候，拿来自残也挺方便的。（发散思维）

A：不会吧！砖头也可以做礼物？

B：当然啦，砖头很重要的！没有砖头，我们的世界就不会像现在这样子。砖头就像我们人体中的骨骼，没有它们支撑着，就算我们皮肉多么厚实，也会干瘪得如同一块廉价的地毯一样。（形象思维）

A：那用砖头怎么自残呢？

B：别人心口碎大石，你脑袋破砖头，效果也是杠杠的！（类比思维）

A：那万一我不小心用力过度把脑袋打爆了，我是不是会死啊？

B：你是个人就会死！（逻辑思维）

那这些思维是怎么影响到我们的话语，又是如何提升我们的表达能力的呢？

发散思维

发散思维，如果从形象思维去理解，就是由一个点向外扩散，从点到面，如同辐射般，把触及的范围扩大。所谓"借题发挥"，就是最好的说明。

对应上面对话的例子，砖头本身的用途就是为了盖房子，是建筑材料，这也是它本来的属性，但如果我们扩散去看待这一事物，砖头的用处就不止盖房子这么单一了，正如曲别针的用途远不止用来别文件一样。

很多时候我们无话可说，其实就是我们的思维不够发散。说完一个话题，就感觉没话可说了。如果我们懂得利用发散思维，那么我们就可以由一个话题，引出另一个相关的话题，然后接着再引出另一个相关的话题，源源不断，基本上就不怕冷场的发生。

例如我们可以从学习，说到教育，再说到就业，再说到工作，再说到理想，再说到人生，让思路扩展下去，这对于我们与人沟通会起到很好的效果的。

发散思维最忌讳的就是思维定式。不要认为所有事物都有一个标准答案，只要发挥想象力，也可以创造出你的答案。说话也是如此，只要敢于开放你的思维，天南地北都可以聊一番，给出自己的看法。这就是发散思维带来的广度。

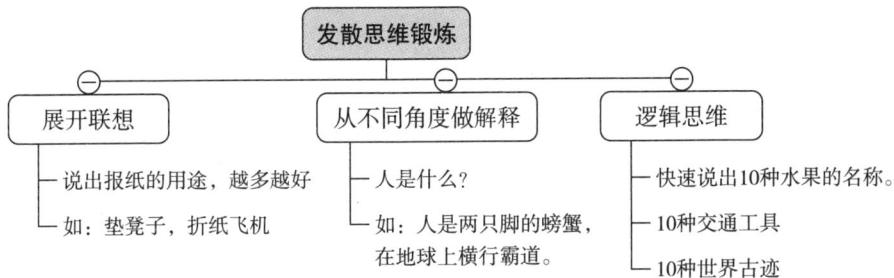

```
                        ┌──────────────┐
                        │  发散思维锻炼  │
                        └──────────────┘
        ┌─────────────────┬──────────────────────┐
  ┌──────────┐      ┌──────────────┐      ┌──────────┐
  │ 展开联想  │      │ 从不同角度做解释 │      │ 逻辑思维  │
  └──────────┘      └──────────────┘      └──────────┘
   ├ 说出报纸的用途，越多越好  ├ 人是什么？        ├ 快速说出10种水果的名称。
   └ 如：垫凳子，折纸飞机      └ 如：人是两只脚的螃蟹， ├ 10种交通工具
                               在地球上横行霸道。   └ 10种世界古迹
```

而与之相反的，还有集中思维，就是聚敛思维。从面到点，由多角度出发，最后回到一个点上，这是思维的深度表现。我们对问题做出分析，无论举出多少例证，也是针对一个问题做阐述。所以在生活中善于利用这两种思维为自己的话语服务，我们就能够自如表达出自己的想法。

形象思维

形象思维，顾名思义，就是通过形象来表达思维的一种形式。

如果我们说话的时候，适当加上一些形象的表达，那么我们的言语就会变得生动有趣。把凶恶的女人形容为母夜叉，把不负责任的花心男人形容成渣男，都是形象思维的展现。

幽默也需要用到形象思维。看到一个女生吃饱后摸着肚子打嗝，然后你关心地看着对方说："你是不是吃得太饱，动了胎气啦？注意身体啊！"我相信这样的谈话气氛，不会枯燥到哪里去。

把一件事描绘得有声有色，多数依赖形象思维来实现。比喻就是最好的例子。把我们未曾接触过的一样事物，通过比喻的方式向我们描绘出它的样子，我们就更易明白。

当然，利用肢体语言来描述一件事物，例如胖，就张开双手来比画，也能很形象地表达你的意思，甚至效果更好。不过现在已经有很多表情包帮助我们表达自己的感情了，所以我们的形象思维用到的地方也就越发减少。

平时生活当中，把熟知的事物，用形象思维去包装，也会取得很好的效果。例如 HR 问你："你为什么会被我们公司吸引呢？"你说："因为我觉得贵公司就像一艘充满动力的巨轮，一旦确定方向，无论多远多艰难都会全速前进，抵达目的地。这种精神完全激励了我。"

至于怎么提高，其实多看小说，多阅读文学作品，就能够帮助我们培养想象力，提高形象思维，在此不再赘述。

逻辑思维

由于类比思维同属于逻辑思维的范畴，所以我把它们放在一起说。

逻辑思维谁都知道是怎么一回事了，它对于我们构建话语，有很大的影响。有些人表达能力不好，问题就是出在逻辑思维上面。我们经常说对方说话怎么前后矛盾，胡编乱造，就是没有逻辑的结果。

逻辑思维，说穿了就是你的结论，一定是由你的前提推导出来。如果你的前提推不出这个结论，那么这就不合乎逻辑了。例如，不会游泳的人，缺乏求生技能，丢在海上很容易淹死。我是不会游泳的人，所以把我丢在海上，我会很容易淹死。但如果你说，不会功夫的人丢在海上容易淹死，那么就算你真的不会功夫，真的淹死了，这个推理也是不合逻辑。因为会不会功夫跟会不会淹死，没有直接的关系。

怎么提高逻辑思维，后面的章节会有专门的论述，这里不再详说。

值得注意的是，适当跳脱逻辑思维的限制，运用发散思维或形象思维来构建语言，你的表达会更多样化。如，为什么飞机在天上不会掉下来呢？因为我们人类不断向前开拓的精神，把它承托在空中。

有了逻辑的基本概念，那么这时类比思维就派上用场了。

类比思维也是一种推理形式：由于 A 这样，所以得出那个结果；那么跟 A 相类似的那个 B，如果也是因为这样，那么它很可能也会得出那个结果。就是说，由拥有某特质的已知事物，推及另一样相似的事物也拥有某特质。推己及人，就是类比思维的常见用法。我是情感丰富的人，失恋会伤心，你也是情感丰富的人，所以你失恋也会伤心。

有时候我们想说服别人，类比推理就能够帮到我们。类比推理可以增强我们表达的丰富性。向别人阐述一个道理，通过举一反三的论证，用相似的事物做比喻，那我们就能够更容易让别人明白这个道理。

即便你反驳别人，运用类比推理，也能够做到"有理有据"。例如一个经典的故事，一个美国记者问周恩来总理："为什么你们中国人走路总是低着头，像是垂头丧气，不像我们美国人都是昂首挺胸的？"周总理回答："因为你们美国人走的是下坡路，我们走的是上坡路，所以要低着头。"把上坡路和下坡路，跟国家的崛起和衰落的相似性产生类比，便构成反驳的理由，不管反驳得好不好。

所以，你所认为口才好的人，都是思维转换很敏捷的人。他们可以从一种思维形式，很快就转到另一种形式上，说话也就变化多端，丰富多样，给人新鲜新奇的感觉。如果口才的基本功扎实，表达流利，声色俱备，那么就称得上是一流的演讲家了。

有些人在生活中，无意中用到其中一些思维方式来说话，获得不错的效果。但倘若经过刻意练习，那么运用这些思维方式，就能更好地服务于我们的语言表达。

当我们有意识地因应表达的需要，来调动我们的思维方式做辅助，比起想说话的时候却无从入手，不是更能提升我们的沟通交流效果吗？

2. 培养说话思维的表达惯性——词语故事练习法

锻炼口才，可以通过朗读、背诵、复述这些方法来练习，但这些方法，只是"表面口才"的锻炼。而"内在口才"，也就是口才思维的锻炼，一般书中着墨比较少。

毕竟朗读是锻炼舌头的灵敏反应程度，让思维和语言之间的传送更流利。而背诵是积累说话的素材和框架，让我们脑子有一个说话的模式。至于复述，就是锻炼我们对已有语言的组织能力。

没错，这些锻炼可以让我们打下流利说话的基础。而这个基础，需要持续锻炼才能够出效果。毕竟肌肉记忆的形成，不是两三天就可以做到的。当你坚持一段时间后，你会发现自己说起话来顺畅许多了。

然而，这些锻炼，还不足够让你形成自己的表达逻辑体系。这也是很多人的问题，总觉得不知道开口说些什么才好，有欲言又止的感觉。

这时，你就需要锻炼自己的"表达惯性"了。

话是越说越容易的，你越不说，只会越习惯于沉默寡言。其实不敢开口有两个原因：一是自信心不足，恐惧与人接触时的反应；另一种则是"茶壶里煮饺子，肚里有货倒不出来"。前者需要不断改变自己的心态，而后者则需要不断练习开口说话。

以下我提供的这个方法，就能够让你把这种开口说话的行为，变成一种随时随地的习惯。

首先，你要准备四样物品：《现代汉语词典》、手机、笔和笔记本。

第一步：随机翻开词典的任意一页，从上面找一个词语，用笔记本记下；然后继续随意翻开另一页，从上面找一个词语，又记下；最后，再次随意翻开一页，记下上面一个词语。怎么选？第一眼看到哪个就选哪个，或者你花点时间选择某个容易说的也可以。

第二步：在手机上调出上面的计时器，设置为十五分钟。

第三步：围绕你选出的那三个词语，做一个十五分钟的自说自话的即兴演讲。

例如你在词典上找到"土豆、酒、幻想"这三个词语，那么你在这十五分钟内，就围绕着这三个词语，随心所欲地自言自语。

不用强调说得有逻辑，想到什么就说什么。例如，"土豆是一种食物，这种食物很多菜式的制作都会用到，但我不喜欢吃，因为这种食物容易饱，味道单调"。然后接着从"土豆"过渡到"酒"，如，"如果说美酒配佳肴，那么吃土豆的时候，加上一点酒助兴，或许我会更愿意品尝"。

最后又过渡到"幻想"，如，"当然，除了美酒，要是有个美女陪伴在身边，跟我一起吃，不要说是土豆了，其他我不爱吃的东西也会爱上了。可惜，这一切只不过是我自己的幻想而已"。直到讲完十五分钟。

无论合不合逻辑，你都一定要把这三个词语连在一起说完。当然，词语之间过渡得越合乎逻辑，肯定越好，然而一开始的练习，我们主要是找找说的感觉，至于逻辑的事情，以后再考虑。

因为刚开始的时候，这个练习只让你习惯开口的感觉，由看到的词语而调动出你的联想能力。如果你连看到这些词语，都懒得去想说什么的话，那么基本上再多方法都救不了你的口才了。

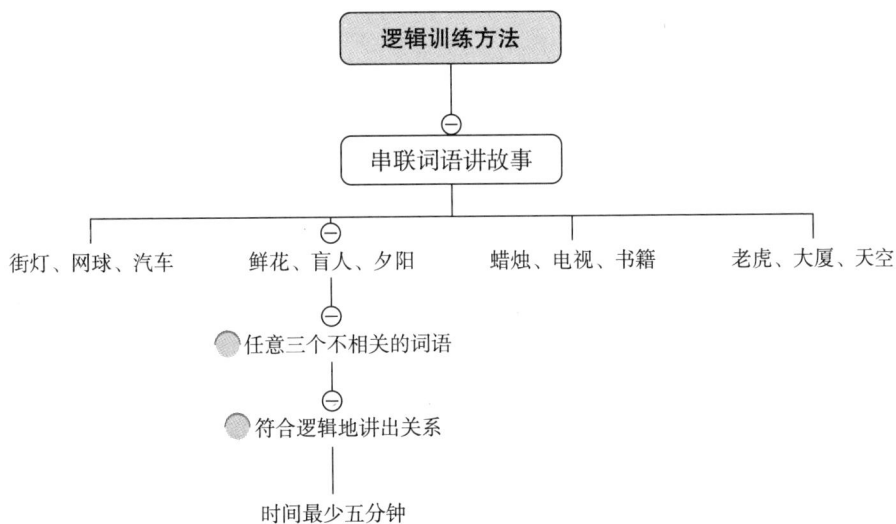

```
           ┌──────────────┐
           │  逻辑训练方法  │
           └──────┬───────┘
                  ⊖
           ┌──────────────┐
           │ 串联词语讲故事 │
           └──────┬───────┘
                  ⊖
  ┌───────────┬───────────┬───────────┬───────────┐
街灯、网球、汽车  鲜花、盲人、夕阳  蜡烛、电视、书籍  老虎、大厦、天空
                  ⊖
           ● 任意三个不相关的词语
                  ⊖
           ● 符合逻辑地讲出关系
                  │
           时间最少五分钟
```

说话需要调动你的思维能力，平时我们说不了话，就是懒得去想说什么话，久而久之，就懒得开口了。

而这个练习，就可以强迫你适应一下主动思考、开口说话的感觉，让你的脑子转动起来了。如果你把这三个词语说出一个非常有逻辑的故事，这当然很厉害，但刚开始练习时，只要你愿意根据这三个词语自言自语一番，想到什么就说什么，也就算完成任务了。

所以，你每天一定要预留十五分钟去做这个练习。在这十五分钟之内，你不能看电视，不能玩手机，更不要被其他事情夺取你的注意力。你一定要心无旁骛地完成这个锻炼，让自己走出舒适区，适应不断开口说话的感觉。

之后，你就用笔记本总结自己的问题所在。如说话不够利索，对于词语联想的东西不够多，内容说得不够详细等，然后再针对性地思考解决办法。

这个练习，其实跟复述很相似。只是复述是有资料给你做参考，但这个即兴说话练习，就是让你自己想出相应的资料。

我还要强调一点，这个练习，跟朗读、背诵、复述这些练习并不形成冲突。如果每天预留半个小时锻炼口才，那么早上朗读十五分钟后，下午或者晚上也可以用十五分钟来做这个练习。

也就是说，你可以同时进行两种练习。前者用来打基础，后者则用来练习表达的感觉。两者相辅相成，可以让你的口才最大限度地提高。

于是练习流程就是这样：开始朗读一篇文章，然后同一天的其他时间段做即兴演说练习；当这篇文章读得非常流畅后，第二天就可以做复述练习，用自己的话说出文章的意思，然后同一天的其他时间段做即兴演说练习。

练习一个月，甚至更长时间。当然不一定每天都要这么辛苦，但每天才一共半个小时，再忙也会有时间吧！

至于背诵，你可以斟酌去做。例如多背一些祝酒词，自我介绍的小段落，道贺的话语，适当积累这些说话的框架，再因应实际情况做修改，对于我们日常生活也是很有帮助的。

我相信，当你把这些框架烂熟于心后，你随时随地都可以根据场合，变换文中的词语复述出来了。

这一阶段的练习完成了，以后学习其他说话的技巧，就会易如反掌。否则现在去学习那些说话技巧，很容易照本宣科，生搬硬套的。

3. 说话不够合理如何是好——提高你的逻辑思维能力

说话是思维方式的反应。有什么样的思维，就会说出什么样的话语。

当你口才的基本功过关，那么接下来，想要让你说出来的话有趣并且有深度，你必须从思维的运作上下功夫。

思维以什么样的方式呈现在我们的口头表达上呢？众所周知，就是逻辑和非逻辑。

日常生活当中，我们说的话不是按照逻辑的形式去表达意见，就是跳脱逻辑，用发散思维等形式去聊天。

所以培养我们的逻辑意识和非逻辑思维，会大大提升我们的口才能力。

逻辑和说话的关系

所谓逻辑，简单地说就是一切事物客观运作的规律形式。黑格尔那句话"存在即合理"，说的正是这个意思。

这个合理，并不是指穷人受到富人欺压，这种存在的现象就是合理。

黑格尔这句话的原意是"凡合乎理性的东西都是现实的，凡现实的东西都是合乎理性的"。换言之，某些现实的东西之所以存在，其背后肯定有导致其存在的逻辑。

好比我无缘无故拿起刀子刺伤无辜的你，这是一件很荒谬不合理的事情。但探究其背后的原因，或许是我的情绪受到刺激，或许是我嫉妒你长得比我帅，甚至是我精神有问题，看到你就顺便刺伤你了。

当你一层一层地深入探究下去，你就会发现很多事情的背后，都有其存在的逻辑。我们要做的，就是找出这个逻辑，然后加以印证它的准确性。如果没有逻辑，很多事情我们就找不到源头的答案。

而我们与他人的对话，就是不断挖掘和印证话语背后的逻辑。例如：

你跟我说："我今天过得很累。"于是我就要找出你过得累的原因，问你："为什么这么累呢？发生什么事了？"

你问我："怎么做才能够提高自己的能力？"

我就要告诉你，提高自己能力背后的逻辑规律，而这个规律是从我个人经验中总结出来的。于是回答你设定一个清晰的目标，保持良好的行动习惯，等等。

你对我开玩笑说，怎么经常躲在家里这么无聊啊，出去看看世界吧！

我就知道，你是在告诉我"外面的世界比躲在家里更有趣"这个逻辑。我认同这个逻辑，我就会同意你的说法；我不同意你的逻辑，我就会反驳你：外面更没意思。因为我知道，躲在家里我可以玩很多精彩的网游。

然后你又会尝试用你的逻辑说服我："沉迷网游对你的人生不会有什么帮助，但出去见识世界，会增加你的见闻和学识，说不定让你学习到更多的东西。"

我明白这个逻辑，可是我还是不愿意行动，那我还是会找各种理由反驳你；而如果我不明白你这个逻辑，我就希望你能够进一步向我解释，给出你合理的理由。

上面的对话，都属于观点的阐述。而观点，就是逻辑推导后的结果。那这个逻辑推导到底是正确的还是错误的呢？

这时我们就凭自身的经验实践、社会的伦理法制，甚至其他渠道的辅助了解，来验证这些逻辑的准确性。而一个拥有准确性的逻辑，往往具备普遍验证性。

例如"我抢劫银行，现在过上富裕生活，于是你抢劫银行，也能致富"这个逻辑，就不具备普遍验证性。毕竟更加具有普遍验证性的实例就是，抢劫银行导致坐牢的人更多。

但是，我们很难知道所有事情的逻辑是否都具有普遍验证性，也很难了解清楚所有事情背后的全部逻辑。

好比你看到比尔·盖茨退学也能成功，你也学着他退学，那你会不会成功呢？

未必。

因为你并不知道比尔·盖茨退学这个行为背后的全部逻辑条件，而这些条件你是否全都符合，更是很难知道。除非你通过自己的实践，也创出一条属于自己的逻辑。

正因为很多"暗地里"的东西我们并不完全了解，于是"争辩""观点与角度""各执一词"等概念就出现了。

你把你了解的事情说出来，我把我了解的事情说出来，他把他了解的事情说出来，各自都有各自的逻辑。这些逻辑可以补充对方的观点，也可以反驳对方的观点，更可以印证对方的观点。

就这样，我们的对话就在各种交锋、各种讨论、各种争吵中呈现出百花齐放的情况。

如何提升表达逻辑的合理性

既然说话里面要用到逻辑思维，那我们怎样表达，才能体现出自己的逻辑思维能力呢？

其实很简单，秉持一个法则就行，就是你说的话，能不能自圆其说。

什么是"自圆其说"？

就是你说出来的话，有没有相应支撑的条件，而这些条件，又能不能成为支撑你话语的理由。

MBA商学院通常都会开设一门逻辑课程，他们总结出逻辑思维的四条基本原则：

（1）结论明确，可以判定"是或否"。

（2）通过"因为……所以"来思考。

（3）结合事实（数据、实例等）。

（4）切中论点，切勿跑题。

这四条原则，用在表达当中，就可以通过它们来帮助我们思考。

首先，你说出来的结论，一定要明确，必须是肯定或者否定。你不能说这样也可以，那样也可以，答案模棱两可。

老板问你："你觉得这次方案的内容怎么样？"你回答说："好像挺好，但又不是那么好。"那到底好还是不好呢？这样就模棱两可了。

当你明确表示这个方案不是很好，那理由呢？你就要思考，用"因为……所以"这个形式，阐述你的理由，而这个理由当然最好结合事实。

你说："这份方案提出要调动更多的人力资源去完成这个任务。但现在公司的人力资源有限，如果牺牲我们其他业务的人力资源来完成这个任务，可能就会顾此失彼。做成还好，做不成也许就会得不偿失。所以以这样一种形式去做的话，这个方案就不是那么好。"

这个论述就是切中要点。既然你觉得这个方案不好，那么不好的地方在哪里呢？你必须围绕这个论点来讲述，不能跑题。明明是针对"人力资源不足，随意调动行动会造成更大损失"这个问题，你却说了"人力资源还不够优秀，做不成事"这个论点，那这样就不行。

人力资源优秀，也很难弥补人手不足这个问题。一个再优秀的将军，能够打得过一支军队吗？不可能吧！这已经是两个论点了。我们不能犯转移话题的逻辑错误。

但哪种情况下，一个优秀的人可以对付一群人呢？就是在超人那种世界里。一个超人，不要说一支军队，整个地球都能被他毁灭。这个能力的设定，就是前提条件，意思是在什么样的前提下，你这个说法会成立。

人会自然老死，这是常识，我们知道这件事的逻辑规律。

但人不会自然老死，就不符合我们的基本认识，为了让这个结论成立，你必须给出一些前提条件，在什么样的前提条件下，人才不会自然老死。例如永久保持体内细胞的新陈代谢和运作，这样人才不会自然老死。而至于这个前提条件能不能实现，那就是另一回事了。

所以，当你要围绕某个论点进行论述时，你一定要给出相应的理由，而这些理由，又是在什么样的前提下才会成立。

有时你要论证一个观点，给出一条理由并不足够，往往需要给出更多论证。

针对上面那个方案问题，除了人力资源不足这一个理由，还有时间安排的成本，每个员工的能力是否擅长应付那个任务等，都可以成为论证观点的理由。而这些理由，基于目前公司的整体状况，是能够成立的。也许其他公司能够做到，但我们公司做不到。

只要你给出来的理由，能够支撑你的观点，可以自圆其说，形成合理的论述，那么说出来的话就给人一种强大的逻辑力量。

提高逻辑思维的表达能力

怎么训练和提高我们表达的逻辑能力呢？

平常生活当中，我们一定要多多思考自己说话的合理性和多多检视自己推论过程是否有足够的逻辑支撑。除此之外，私底下也可以刻意锻炼自己。

最直接的方法，就是用一些逻辑推理题来训练我们表达的条理性。这个训练有五个步骤：

（1）先把逻辑题私底下做出来。

（2）口头说出自己的解题思路，用手机录下。

（3）回放自己说的话，看看能否听得懂自己的推理流程。

（4）添加或删减自己话语中遗漏或多余的部分。

（5）不断重复，直到自己完整流利地表达这个过程。

例如：123a，456b，789（？），括号内的问号应该填什么呢？你怎么推理出来的？理由是什么？

看到这条题目，如果你知道怎么解答，那你的思路肯定会出来，然后你就把这个思路用口头语言表达一遍，做成录音，反复收听和调整，你就会练就说话的条理性。

下面来真的了。

题目一

算式：ABCD+EFGB=EFCBH

这里每个字母各代表 0 ~ 9 十个数中的一个，请破译这道密码数学题。

题目二

某单位共有员工 100 人，其中有人爱好运动，有人喜欢安静。现在经过调查，核实下面两个事实：

（1）其中至少有一个人是爱好运动的。

（2）在 100 名员工中随意挑选组合成一对，其中至少有一个人是爱好运动者。

你能够根据上面两个事实，来确定 100 名员工当中，有几个人是爱好运动，有几个人是喜欢安静的吗？

这两道题，按照上文那四条逻辑基本原则来思考推导出来的答案一定要明确，不能这样可以，那样也可以。

最好先从已有的条件去推导答案的合理性，然后排除不合理的答案，筛选出正确的答案，而答案一定要符合题目的前提条件。

说话具备逻辑性，不一定需要你像爱因斯坦那么聪明，所以做题花多长时间都没关系，最重要的是你把题目做出来之后，再用口头语言表达一遍你的思路。

因为当你有了思路后，如何有条理地表达出这种思路，这才是重点。这种练习，就是训练我们在有固定思路的前提下，怎么说话才具备逻辑。

否则你毫无头绪，你也不知道怎么说话才算有条理了。

4. 话要怎么说才会更有意思——幽默思维的技巧

在生活中，我们都喜欢跟那些幽默风趣的人相处。

他们总懂得把乐天积极的态度，变成自己的武器，然后以此来影响身边的人，让我们脸上的愁容一扫而空。

想要培养自己的幽默感，你首先要懂得怎么跳出自己的逻辑思维，就是不要用客观的逻辑去看待事情。

跳脱逻辑思维

有时候我们说话可以按照逻辑的形式表达，但到了说笑话的时候，继续用逻辑思维的形式去表达，就很难给人一种"出人意料"的幽默感觉。

所以这时，我们就需要跳出常规的逻辑思维形式，以此来转换我们的说法，让话语变得更加有趣。

不管是用来应对别人的刁难，还是逃出对方的语言陷阱，抑或制造说话的哏，博取红颜一笑，都需要这样的一种思维形式。因为这种形式，就是展现我们幽默反应的基本条件。

那怎样才能运用到这种非逻辑的思维形式呢？

举个例子，你回答别人 1+1=2，这是逻辑；但如果你回答 1+1=3，因为一个男的加一个女的，说不定就会得到一个小的，这就是跳脱正常的逻辑思维了。

很多思维方式，诸如发散思维、形象思维、类比思维、聚敛思维等，都可以在某种程度上跳出常规的逻辑思维。

那怎么跳脱正常的逻辑思维应用在聊天上面呢？我们跟别人聊天，一般只有四种范畴：

（1）肯定。

（2）否定。

（3）不肯定或不否定。

（4）顾左右而言他。

所以针对同一件事，可以得出四种回应方式，如别人跟你说："你看上去怎么这么老？"用正常的逻辑思维，按照这四种方式回答，就是这样子：

（1）肯定回答：是的，长期熬夜导致，所以就这么苍老了。

（2）否定回答：哪有？我觉得我的样子挺年轻的啊，干吗说我老？

（3）不肯定或不否定：关你什么事？你为什么跟我说这个？

（4）顾左右而言他：呃，有时候相貌这个东西很难说的，你想这样，却不是这样。

这些回答都是在特定的逻辑框架下进行的回答，因为其中探讨的，都是现实生活当中导致"我看上去老"的客观原因，我的回答都是围绕这个原因来做论述。不过作为应对方式，这太正经了，给人很直白的感觉。一点趣味都没有。

而跳出逻辑思维形式，就不会揪着这个客观原因做解答，会跳出这个界限，用非客观原因作为原因去回答：

（1）肯定回答：没办法，国家还没统一，我这个人很是忧心啊！

（2）否定回答：我这种不是老，而是成熟。

（3）不肯定或不否定：老不老不是看外表，而是看内心的。

（4）顾左右而言他：我就像佛祖，超然脱俗，其他的一切随遇而安吧！

需要说明的是，这些回答的指向是对内的，也就是指向说话人自身。如果我们说错了话，想要缓解这个尴尬，自嘲就是属于这种对内的非逻辑思维表达，诸如"看来我的智商欠费了，连恭喜的话都说错"。

但是如果遇到别人怼你，那么这些回答的指向就要对外，也就是指向对话者的身上。例如继续上面的问题，对外的四种回答是：

（1）肯定回答：是的，跟你这种嘴欠的人相处，谁都会被气老。

（2）否定回答：也许你的视力不是那么好吧。

（3）不肯定或不否定：我老不老就不知道，但说我之前首先看一看你的穿衣打扮能有多年轻？

（4）顾左右而言他：有时候问问题也要问得有水平一点嘛，像你这样就是问得刺耳同时又让人讨厌。

性格外向的人，在对话的用语选择上，一般是对外。而很多内向不敢说话的朋友，说话的指向往往会归结给自己，更习惯逃避。

高级的幽默感，一定要具备稳定的心理素质和丰富的知识储备。但平常聊天时的开玩笑，我们可以适当跳出逻辑思维来相互对话。

想一想，同一句话，你按照我上面所说的那些方法，试着想出不同的回应方式，看看你能想出一个什么样的非逻辑的有趣回答？

当你有了这个刻意跳出逻辑思维的意识，接下来，你就可以培养制造幽默的思维方式。

培养幽默的思维方式

幽默的思维方式，可以说是成为幽默高手的核心条件，也是最重要的外功之一。

俗话说，授人以鱼不如授人以渔。如果说背诵几个笑话，借来几个段子去逗人笑，这是"鱼"，那么自己培养幽默的思维方式，自己学会讲笑话，这就是"渔"了。

幽默需要用到思维上的技巧。因为几乎所有幽默，都是对常规思维的改造和变换，亦即是跟我们平时所想的点不同，一定程度上的反逻辑。只要你懂得怎么打破常规，你就能够掌握幽默思维。

举个例子，我问朋友，对于择偶有什么要求？朋友说："以前年轻的时候，我总觉得找女朋友只要长得漂亮就好了，其他方面一点不重要。但后来年纪大了，我才发现我这个想法实在是太肤浅了。两人在一起相处，可不是只要漂亮就足够的——身材好也很重要！"

你看完这段话有没有会心一笑呢？有的话，为什么？这就是对常规思维的转换。

刚听朋友说这句话，当说到"这个想法太肤浅，两人相处可不是漂亮就足够"时，我们一般的思维就会想到：两人相处的确不是只要漂亮就够，毕竟还有性格、三观、习惯等内在的调和。然而朋友最后给出的答案：身材好也很重要。他的关注点还是回到了外在这方面，让我们常规的想法发生错位，用现在的语言来说，就是拐弯了，于是这一下子不协调的反应，就让我们感到好笑了。

几乎所有的笑话，都是这种对常规思维的转换，让我们意想不到。这种幽默方式，就需要我们铺垫——误导别人的思维关注常规一面，最后再给出解答——我们常规思维的另外一面。

也就是说，我们想要让别人的思维关注 A 点，最后我们就给出 B 点这个解答，意料之外却又合乎情理，这就好笑了。这种技巧说简单也简单，说困难也困难。

困难的部分就在于，你一定要确确切切把对方的思维误导了，如果不能，你想到的别人也能想到，没新意，那就不好笑了，所以要"意料之外"。周星驰的电影这么好笑，就是懂得这个道理。

这种幽默方式，是需要铺垫的；当然还有不需要铺垫的幽默方式。在日常对话当中，也可以打破常规，让别人的思维产生错位的感觉。正如文章开头我朋友和同事那种回答，就是意料之外又情理之中的思维转换，跟我们常规所想的不一样。

记得有次我跟一个女同事出席活动，她提醒我对面展台那个人的背景很厉害，以致做事很霸道。女同事看着他不爽地对我说："要不是他上面有人，他能混到这种程度？"听到女同事这么说，我连忙抬起头朝着那个人的头顶上看了看，假装不解地说："他上面哪有人？不就是个广告牌吗？"然后女同事好笑又好气，脸上的不爽荡然无存。

这种不需要铺垫的幽默方式，就是曲解。把别人原本的意思，曲解成另一个意思，也是属于思维的转换。是把对方脑海中既定的思维，用我自身的思维去解读，然后产生思维错位。

无论是夸张、双关、曲解、歧义、联想等语言技巧，无一不是对常规思维的转换。想一想一本正经地说瞎话，会不会给人好笑的感觉？

用非常认真的语气跟别人说"蹲在厕所喝十杯豆浆，能让人变得更聪明"这种瞎话，就是思维的错位。只要瞎话越瞎，而你又说得非常严肃认真，那肯定会让人觉得好笑的。因为常规的思维是瞎话就是瞎说，认真说话就是说正经话，这两样不搭调的混在一起，自然就能产生"笑"果。

正是这种一本正经地说瞎话，把不重要的事情以一种对待重要事情的方式表达，痛心疾首地说一些滑稽的事，如"我踩到老鼠屎了"，就很好地起到搞笑的效果了。

那怎么培养幽默思维呢？很简单，买一本笑话集，然后逐个笑话地看。看到一个你觉得好笑的，就停下来，认真思考这个笑话到底是什么原因让你觉得好笑，是哪个点让你笑。只要持之以恒，你对笑话的意识肯定大大提高。为什么要这样做呢？

因为以前读书的时候，我的室友在报纸上看到一些笑话故事，看不明白，不知道哪里好笑，就会跑过来问我，这个笑话是表达什么。这时我就会认真看这个笑话，分析这个笑话到底哪里好笑，为什么能称作笑话。久而久之，我发现我理解笑话的能力变强，很容易就跟室友解释清楚笑话好笑的点在哪里。后来就索性自己买一本笑话集回来，专门去研究，慢慢地，我就形成了这样一种幽默思维。

当然，除此之外，你还需要提高另一种外功，就是你的表达技巧。

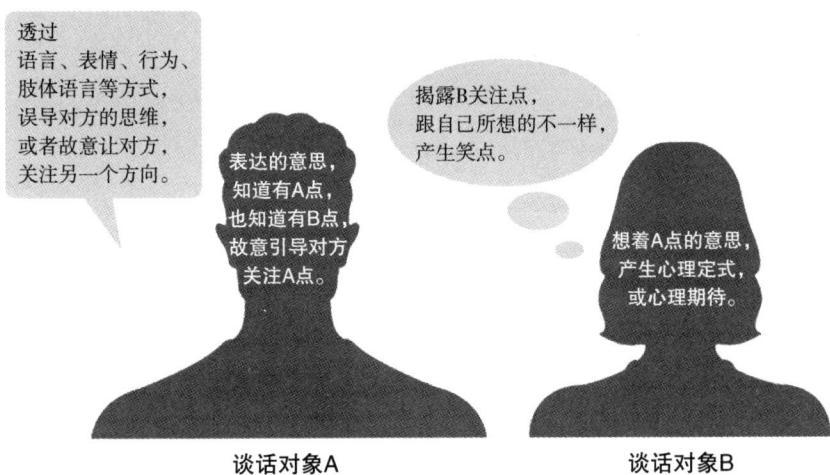

透过
语言、表情、行为、肢体语言等方式，误导对方的思维，或者故意让对方，关注另一个方向。

表达的意思，知道有A点，也知道有B点，故意引导对方关注A点。

揭露B关注点，跟自己所想的不一样，产生笑点。

想着A点的意思，产生心理定式，或心理期待。

谈话对象A　　　　　　　　谈话对象B

语言的表达技巧

幽默是需要用到一定的表达技巧的。这个表达技巧，就是语气、语调、表情、肢体语言、句式的选用等方面的展现。

同一个笑话，为什么有些人说出来就好笑，换另一些人说出来就平淡乏味呢？这个就是表达技巧的问题。

首先，你必须意识到自己开始说笑的时候，能够一本正经、沉着自在地表达出来。讲笑话的大忌，就是别人还没笑，自己就先笑了。没错，别人看到你笑的样子，也许会笑逐颜开，但对于你的幽默印象于事无补。

所以无论如何，在意识到自己要发挥幽默感的时候，你一定不可以先慌乱，一定要沉着自在。回顾一下我文中举的那些例子，有哪个不是这样一本正经、沉着自在地跟别人说出来的？因为只有这样，才能制造反差。

千万别在开始说笑之前，就事先跟别人说，我看到一个好笑的，听到一个好笑的，想到一个好笑的，那么你真的说出来，别人也未必觉得好笑，一定要润物细无声地展示出来。记住，最后说完后，这时才展露微笑，让人觉得你是在开玩笑！只有这样，一些有攻击味道的笑话，才不会对别人造成心理伤害。

再者，想要成为幽默高手，一定要改进你的回应方式。

我在自己之前的文章中说过，你给别人留下什么样的感觉，取决于你怎么回应别人。就是说，你的回应方式，决定了你的为人。所以你想要成为一个幽默高手，你可以通过转换你的回应方式，变成幽默的人。

而这里面的一个要点就是，你要有意识地随时捕捉可以幽默回应的笑点在哪里！比如你的爱人突然放了一个响屁。一般的回应方式就是："你怎么突然放屁啦，臭死了！"但很明显，这个时候是一个可以转换回应方式，触发笑点的机会。

如果你是幽默高手，这时你就会有意识地跳过常规回应方式，用另一种句式去表达这件事。你可以一本正经地说："经过你这样的训练，我相信我以后待在任何毒气室里也能够存活下来了。"

正如公司之前来了一个新同事，一个小女生，为人比较文静，不爱说话，但喜欢唱歌。有次我们公司的人员组织去唱K，这个小女生就点了几首歌自己唱，还唱得挺好的，只是唱最后一首的时候，她不小心唱破了音，弄得她自己和场面很尴尬。

这时我一个男同事，就是我文章开头说的那个，就走到她旁边说："好吧，原本我没打算跟你聊天的，但你既然牺牲自己把歌唱成那样子引起我的注意，我只好破例跟你说话了。"小女生笑了笑，气氛自然和谐了。

这就是捕捉展示幽默的机会，沉着自如地讲述，转换思维解读场面的最佳例子。这当然需要你的脸皮要厚，而这也是外功之一。

所以在日常生活中，你要培养自己这种捕捉幽默的意识。时时刻刻思考这个时候可不可以幽默，那个时候可不可以幽默；这种情况能不能幽默，那种情况能不能幽默。

成为幽默高手不是一朝一夕的事情，必须持之以恒才能有所成。如果你想变成一个充满魅力的人，增加自己的学识，把自己打扮得干净整洁得体一些，待人处事真诚大方，只要你能做到，幽默就能够为你加上许多分。你所收获到的硕果，绝对比起以往得到的更为丰盛。

从今天开始，学着去做一个幽默高手吧，让身边的人都因为你而充满笑声，相信你的生活肯定也会因此而变得多姿多彩。

5．说出来的话毫无亮点——口才修辞的具体方法

说话跟写文章一样，都需要对内容进行修饰润色。

润色的作用，就是为了让自己说出来的话没有那么直白，或者变得更加有趣，更加容易理解。如果你对将要说出来的话，没有为了交际要求而进行针对性的调整，很有可能最后的表达效果就会不太满意。

例如你无意中看到男性朋友牛仔裤的拉链没有拉上，如果你直接向对方点明，说不定会让对方陷入尴尬之中。

但如果你懂得修饰一下你的表达，采取"旁敲侧击"的方式去说，如："你

身上某个地方还没有关上门，请注意检查哦。"我相信对方不但心领神会，还会因为你这种说法而感到会心一笑，从而忽略了尴尬。

而修辞，就是这样一种调整方式。我们可以从修辞学里面，吸收这种表达技巧，然后应用到自己的说话当中。

由于修辞的种类比较多，这里只介绍口语表达中较为常用的几种。

比喻

比喻就是打比方，利用事物相似的特征，不直接说出某一事物，而是以具体的形象作为比方来表现。

而其组成部分有三个：本体——被比喻的事物；喻体——用作比喻的事物；比喻词——联系本体和喻体的辅助词。

在表达中，说话者用具体、熟悉的事物，来描述抽象、生疏的事物；或者用浅显易懂的道理，来证明深奥、艰涩的道理。这样的做法，就能够让受众易于理解和认同。

比喻一般有三种方法：

（1）明喻：本体和喻体同时出现，常用像、如、仿佛、好比等辅助词。例如：我的手机，就好像板砖一样硬，用来做武器砸人简直一流。

（2）暗喻：本体和喻体也同时出现，只不过比喻词不是好像、仿佛这些，而是成为、就是、变成。例如：我的手机简直就是一块硬板砖，拿来做武器砸人顶呱呱。

（3）借喻：只说喻体，不说本体，也没有比喻词。文章开头那个把门口比作裤裆大开的例子，就是借喻，不直接说出本体，用形象相似的喻体来暗示对方领会意思。

套用手机的例子，就会这样说（拿起手机对着挑衅者）：我手中这个板砖，可是硬得随时都能伤人于无形的一流杀器啊！

三种比喻方法的语气效果各不相同，从弱到强依次递进。

所以当你骂人的时候，说"你臭得就好像一坨牛粪"，就比不上"你这么臭，简直是一坨牛粪",更比不上"牛粪就是臭"。

此外,还有一种比喻方式,称之为"较喻",是比喻的变体式,意在强调喻体在某种程度上不及或者超过本体,常用的比喻词为不如、比不上、比什么什么还什么等。

例如:我的手机,比板砖还要硬,用来砸人简直爽歪歪;你连牛粪都不如!

平常说话的时候,我们可以根据表达要求,采取相应的比喻方式。对于讲述一些我们不方便直接开口,或者说一些对方不太明白的事情时,运用比喻就会非常有帮助。

当然,运用比喻不能流俗,诸如你的眼睛就像天上的星星,你笑起来就像一轮弯月。这些滥俗的方式还是不要用了,运用比喻一定要有自己的思想和特色。如:

A:我曾经在南非看到一种宝石,非常晶莹剔透,光泽明亮,它散射出来的光芒,很容易就把人的注意力吸引住,让人感到很深邃而无可抗拒。

B:你为什么突然说起这个呢?

A:因为现在我看着你的眼睛,就想起了这种宝石。

借代

借代就是不直接说出某一事物,而是借用另一种说法来代替所要说的事物。被代替的事物叫本体,用来代替本体的就叫作借体。

我们常说的"金发碧眼",就是用来借代拥有这个特征的外国人。但这些只是约定俗成的用法,我们平常说话的时候,也可以运用借代来调整我们的表达方式。

借代的方式有好几种,不论是以事物的特征来代替,还是用昵称代名字,具体代抽象,还是普通代特定,都有一个共同点,就是这些借用的形象,跟本体有关联。

这些形象,可以是这个事物的某一部分、某种标志,也可以是这个事物的所属、所处。"金发碧眼"就是部分代替整体的应用。

我们常说的鬼子，就是借来代替日本人；棒子，就是指韩国人；喷子，就是中国网络上口出狂言的网民，也是用了借代的方式，不过都是负面的借代。你看《复仇者联盟》这部电影，每次跟别人提起，都懒得说这么长的名字，你直接说"复联"，也是一种借代。

有时候借代，可以让我们更容易明白说话的所指，不用再大费周章地重新说一遍本体；甚至借代，也可以是一种作为彼此交流的"暗号"。

如你朋友跟你说喜欢前凸后翘身材好的女生，而说着说着，这时一个胸大的美女走到附近，你就可以说："你喜欢的前凸来了，但后翘还没出现。"这样说，就算无意中被对方听见，一时间她也不会明白你们在说什么。

但值得注意的是，如果对方是麻子脸，那么你在借代时，就不能说："你看，那个麻子来了。"因为这个说法，对于有这种生理缺陷的人，是一种不尊重，含有侮辱成分，肯定会引起对方的反感。

这种借代，就不要说了。

仿拟

仿拟，就是仿照现成的格式，临时模拟出一种新的说法来。

这种修辞手法，表达的是说话者根据当时的语境，将前话中所提及的某种事物信手拈来，改变它的某些成分而构成新词、新句、新调。

仿拟一般有三种方法：

（1）仿词：改变既有词语的某个成分而创造一个新词。例如别人开玩笑说，他是"胸大"毕业的，匈牙利大学。

（2）仿句：模仿现成句子的结构，或改变现成句子的成分而创造出新的句子。例如"落霞与孤鹜齐飞"，你就可以仿成"贫穷与孤单齐飞"。

（3）仿音：模仿现成语句中某些字词的发音，并改变字词而构成新意。例如，相敬如宾就可以说出相敬如冰，或者相敬如兵。

很多成语、俗语，我们都可以仿拟，来变更自己的意思。你说你对某些思念是才下眉头却上心头，我说我刚吃了过期的面包，才下喉头却上口头，要吐了。

甚至还可以仿造某些场合的用语，如天气报告：今天白天有点想你，下午转大至暴想。心情将由此降低五度，受此低情绪影响，预计此类天气将持续至见到你为止。

好比成龙洗发水那个广告，也可以拿来仿拟开玩笑：

这部电影，你不能说请我看，我就看。首先我得试一下，看看预告片怎么样，再让我的朋友一起来鉴赏一下。否则最后出来，朋友觉得我推荐他们看这部电影是假的，加了很多花言巧语，"duang"的一声，很嗨，很激，很好看，证明是假的，那朋友肯定就会骂我！我要让他们看到，我看完电影是很高兴，他们看完电影也很高兴。

夸张

夸张就是为了突出某一事物或者强调某种感受，有意夸大或缩小，即所谓的言过其实。

夸张的"言过其实"并不是失去真实或者不要真实，它是以真实为基础，通过想象，艺术地扩大或者缩小真实，让听众对真实有更加深刻的印象和理解。很多笑话，都是建立在夸张的修辞手法上的。

有一天劫匪抓了张三、李四和赵五。劫匪说："你们三个去果园里，一人选一样水果。"于是三人进去了。过了一会儿，张三拿着一个苹果出来了。劫匪对他说："你把自己摘的水果塞进你的肛门里，我就放了你。"张三试了试，没成功，被杀了。

李四拿着三颗葡萄走出来，劫匪对他说了同样的话。当李四塞到第三颗的时候，突然一笑，把最后一颗夹爆了，于是也被杀了。

李四来到地狱，阎王问他："你怎么这么笨？你不笑不就没事了嘛！"李四道："我也不想笑，只是我塞到第三颗的时候，看到赵五抱着一个榴莲走出来了……"

在日常交际里面，夸张不宜多用，不然很容易让人觉得你夸夸其谈，脱离实际。除非是有意开玩笑，或者为了刻意突出某些思想。好比你等朋友等了好久都没来，然后一见面你就可以这样抱怨："我等了你一个世纪你才出现，好意思不？"

表达内心的恐惧，你也可以说："我刚才看了一部恐怖电影，我吓得下巴都要掉下来了！"

表达高兴，你也可以说："刚才男神跟我打招呼了，我开心得走起路来都蹦蹦跳，差点把路面都跳烂了。"

表达坚定，你可以说："如果我骗你，我割下这脑袋给你当球踢！"

夸张的手法，有往大的去说，也有往小的去说。前者就是把我爱你一辈子说成我爱你一万年，后者就是把十年这么长的时间，说成一眨眼就过。

夸张要有节制才能夸得起来，否则就成吹牛了，这个分寸，在我们说话时一定要注意。

除了上面四种，其实还有其他的修辞手法，例如对比、衬托、排比、双关、层递等，不过这些方式在日常生活中，很难在口语的环境中用到，通常都是写文章或者演讲的时候用得较多，所以就暂且不说了，有兴趣的朋友通过看书深度学习。

如果在学习的过程中，把这些修辞方式运用到生活的交谈里，那我们的表达能力就会提高一个层次，无论说什么，都能够把心里的意思表达出来，让听众理解明白。

6. 反应总是慢人家一拍——应变能力的培养

如果你想要学习辩论，提高自己的辩才，那么应变能力，就是其中一种不可或缺的因素。

不要以为在生活当中，我们没有机会跟别人"辩论"。事实上，这种情况每时每刻都有可能发生在我们身上。

想一想，平常你有没有遇到一些需要你反应的时刻呢？

有时候，你反应好了，不仅可以缓解尴尬的气氛，还能塑造良好的自我形象；但如果你反应不好，可能就会弄僵聊天气氛，让自己陷入被动。

特别是你无缘无故遭到某些人的刁难，拉下面子骂回去吧，似乎有损形象；一脸涵养置之不理吧，心里又感到憋屈；和和气气讲个道理吧，别人又把你当傻子。那怎么办？有没有一种既可以回击对方，又能够做到润物细无声的应对方法呢？

当然有！那就是提高你口才的应变能力。举个例子：

A：小丑先生，看来你很受观众欢迎嘛！

B：还好，谢谢！

A：做一个小丑，是不是一定要像你这样，长一张又蠢又丑的脸，才会受到观众欢迎呢？

B：你说得很对。要是我也能有一张如阁下这样的脸庞，我准能升职加薪。

云淡风轻，泰然自若，四两拨千斤，这就是应变口才的魅力。

应变口才，一定要基于我们的应变能力。所谓应变能力，就是遇到突发情况的时候，我们能够迅速果断地采取相应的方法和措施来对付的能力。而语言上的应变，也是应变能力的展现方式之一。

在日常生活中，无论我们上台演讲，还是跟别人闲谈聊天，都很容易在这个说话的过程里，出现一些对我们不利的因素，从而使我们置身于被动，陷入尴尬窘迫之中。

对于这些言谈期间发生的各种各样的意外，诸如听众的提问，挑衅者的发难，甚至是自己无意中的小失误，如果我们能够快速正确应对，那就可以将这个意外轻松化解，变被动为主动。

所以只有努力学习并提高自己的应变能力，你的口才才能够锦上添花。

应变口才的基本组成

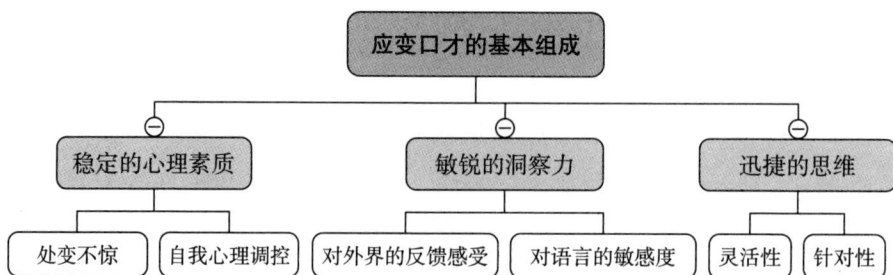

```
            ┌──────────────────┐
            │  应变口才的基本组成  │
            └──────────────────┘
        ┌───────────┼───────────┐
   ┌─────────┐  ┌─────────┐  ┌─────────┐
   │稳定的心理素质│  │敏锐的洞察力 │  │迅捷的思维  │
   └─────────┘  └─────────┘  └─────────┘
    ┌────┐┌────┐  ┌────┐┌────┐  ┌───┐┌───┐
    │处变 ││自我心│  │对外界的││对语言的│ │灵活性││针对性│
    │不惊 ││理调控│  │反馈感受││敏感度 │ └───┘└───┘
    └────┘└────┘  └────┘└────┘
```

可以看出，应变口才的组成，就是先有稳定的心理素质，不被突发情况影响到自己；然后锐敏地意识到需要做出应对的地方；最后运用思维能力，帮助自己快速反应。

这三者缺一不可，既相互影响，又彼此互补。因此，提高我们的应变能力，就必须从这三点着手。

打造稳定的心理素质

处变不惊，从容不迫，是稳定心理素质的必要条件。

试想一下，当你看到一只老鼠在你脚下走过，你吓得整个人都蹦跳起来，大呼小叫的，你认为你还能继续掌控到当前的局面吗？

恐怕不能吧！

因为你的思绪已经受到外界的影响，全身上下的注意力根本无法聚焦在当前的问题上。任你再努力修补，在一些稍纵即逝的场合里，你已经错过最佳的反应时机。正如你当场被别人嘲笑了，尴尬得不知如何反应，直到两天之后，你才跑回去找对方算账，这是不是已经为时已晚呢？

所以稳定的心理素质，对于应变能力而言是非常重要的根基。想要提高自己心理的稳定度，你必须具备两个条件：一是遇事沉着冷静，二是举止张弛有度。

"遇事沉着冷静"很容易理解。如果你遇到什么出乎意料的事情都那么容易乱了阵脚，慌了方寸，我保证接下来你的行为就是"不知所措"。情绪跟我们的思考系统有着千丝万缕的关系。情绪会影响思考，思考会带动情绪。你的慌乱，只会阻碍你转动脑子。

而保持冷静，就是为了让我们腾出思考的空间，以此想出应对的方案。否则你忙着惊慌失措，你的大脑根本没有空余的位置用来思考问题。

因此，懂得调控自我心理，对于保持冷静来说，就显得尤为重要。遇到突发状况，你一定要有意识地提醒自己不能慌张，不能惊恐。就算你真的觉得非常紧张，你也要刻意保持镇定，硬要装也要装出来。只要你这样做，我们的大脑就会错以为我们"一切安好"，从而不会让我们失去理智的思考。

也就是说，我们要训练我们的行为举止表现得张弛有度，既不能惊怕得蹦蹦跳跳，也不能兴奋得手舞足蹈，至少不能在一些需要我们冷静应变的场合这样做。

为什么成熟沉稳的男生和优雅大方的女生，永远都举止得体呢？这就是原因。

丰富自己的阅历，增强自己的学识，对于提高我们的心理素质也有很大的帮助。毕竟你经历多了，你就会见怪不怪嘛，自然就不会被突发状况吓到了。但是刚开始锻炼心理素质时，我们学会去掌控自己，也能逐渐提高的。

培养敏锐的洞察力

遇到突发状况，作为一个懂得应变的人，至少会敏锐地意识到这个状况应该采取什么样的应对措施。

例如聊天的时候，突然陷入冷场，你的大脑肯定会给你发出一个指令，暗示你"遇到情况"，这时你就知道应该说些话来填充冷场了。或者你在台上演讲，突然说错了话，念错了名字，你的大脑肯定也会给你发出暗示，这时你就要迅速纠正错误。只要这个情况对你的心理造成影响，你的大脑肯定会意识到的。

意识到了，如果你不想自己继续难受的话，你肯定要立刻做出反应。而做出反应，就需要我们主动去掌控了。也就是说，当你遇到这些突发状况，你一定要根据时间、场合以及人际关系等因素，有意识地主动去思考解决，采取适合的应变措施，而不是一味被动逃避。

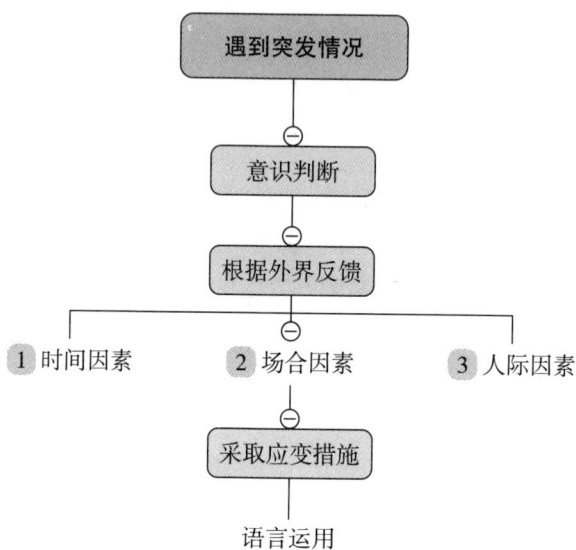

遇到突发情况
│
意识判断
│
根据外界反馈
│
┌──────────────┼──────────────┐
1 时间因素   2 场合因素   3 人际因素
│
采取应变措施
│
语言运用

对于应变口才而言，你想要应对难题，不管是被别人挑衅也好，还是遇到冷场造成尴尬局面也罢，你都必须对语言保持一定的敏锐度，至少懂得怎么运用语言来帮助自己化解难关。

正如文章开头那个例子，当 A 说出"是不是一定要像你这样，长一张又蠢又丑的脸"这句话时，如果你对外界的感受反馈力强的话，你的大脑肯定会意识到这句话是针对你的讽刺。这时，你就要主动去思考这个状况，做出反应。而应变口才的反应，当然就是指用语言来做出应对措施了。所以你对语言的运用，要具备一定的敏锐能力。

而对话这个例子，B 的反击是根据 A 的语言逻辑做出应对的。换言之，B 先假装认同了 A "长得丑等于受到观众欢迎"这个前提，然后才引申出"我要是有你这张脸，肯定更加受到观众欢迎，升职加薪"。为什么拥有你这张脸，就会升职加薪呢？因为，你比我长得还丑。这是一个没有表明的隐含结论，暗藏在 B 的言语里。只要稍加思考，谁都能领会到这个结论。于是 B 的回击，就可以暗讽对方了。

所以，提高自己对外界感受的反馈力，增强自己在语言这方面的敏锐度，可以更好地做出反应。否则被别人嘲笑了，你还一脸欢喜地以为别人称赞你。

上文说的这些只是属于被动意识，就是我们的反应是根据外界的波动而采取应对措施的，当然还有自己主动反应的情况。很多搞笑幽默的言谈，基本上都是属于这一类，主动去逗乐别人。

例如朋友跟你说："我真的好想可以在天上飞啊。"根据这句话，你可以主动地做出反应："原来你是想做鸟人！"朋友听到你这么说，肯定又好笑又好气。

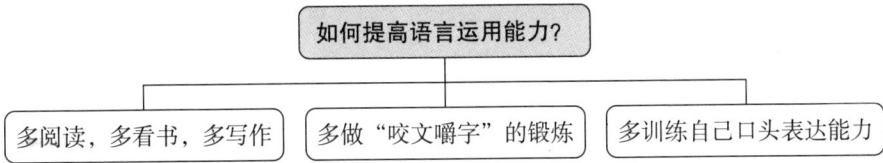

如何提高语言运用能力？

- 多阅读，多看书，多写作
- 多做"咬文嚼字"的锻炼
- 多训练自己口头表达能力

除了提高自己这种对语言运用的洞察力之外，还有一点是与这种敏锐度有关的，那就是你的思维能力。

多维度提高自己的思维能力

上一节我说过，思维能力可以让我们说出来的话变得更出彩，其实不同的思维能力，对于我们能做出什么样的反应，也是起到非常关键的作用。

如果说，文章开头那个例子，是逻辑思维的作用，而上面名字那个例子，就是联想思维的作用，那么面对其他突发状况时，我们其他的一些思维能力，也能够帮助我们做出相应的反应。

而且很多时候，我们做出的反应，不一定是基于一种思维能力上面，也可以是几种思维综合运用所产生出来的结果。

这些思维能力，对于解决我们日常生活当中的问题，都各有用处。平时我们养成善于思考突发事件的应变习惯，可以让我们的思维保持活跃的状态。总之，遇到事情，都主动想一想，就自然保持思考的惯性了。

法国思维心理学家爱德华·德·波诺，把我们用于处理应变情况的思维，分为垂直思维和横向思维两种。

垂直思维，就是纵向型的思维方式，正面直视事物的客观现状和发生的变化，直接面对矛盾，不回避焦点。例如别人骂你长得真丑。你垂直思维的回答就是："你才丑，你全家都丑，你祖先都丑爆了。"

而横向思维，就是要求我们避开问题的正面，从多角度入手，不断从一条思路跳到另一条思路；对事物的不同侧面进行分析，然后找到解决问题的办法。对应上面的例子，别人骂你长得丑，你横向思维的回答就是："真替你将来的伴侣感到担心，跟你接吻的时候，总会被你这个口臭熏死！"

这两种思维的区别，就是垂直思维是分析性的，横向思维是启发性的；垂直思维按部就班，横向思维则灵活跳跃；前者死板，后者则充满创造性。

在实际应用当中，这两种思维方法可以交叉运用，穿插调动，根据外界的情况，针对性地应对，这样才可以全面发挥我在上面列出的那些思维的能力。例如衡量了时间、环境、人际关系这些因素后，别人骂你丑，你直接回骂对方丑，也许更有效果。

当然，这需要一定的练习量，才能够对此深有体会。接下来我提供三种非常有效的锻炼方法，可以提高我们快速的思维能力。

（1）快速阅读。

在特定时间看完一篇文章，快速概括中心思想，然后用自己的语言简单地表述出来。你可以看完一小段后，连忙说一说这段话表达出来的意思，会很好地活跃你的思维能力。

（2）快速预测。

在意识到自己将要面对某些谈话场合之际，例如开会、接触聊天对象或者听到别人说笑的时候，预测别人下一步要做什么，下一句话要说什么，做到心里有底，设想不同的应对方式，然后试着练习，这样会提升大脑的应对能力。

（3）快速辩论。

接触某些观点后，根据观点从正反两个方面做出辩论。平时你可以给自己出难题，考一考自己，然后尝试为这些观点做辩护。这种做法，可以让你的思维广度和深度获得很好的提升，对问题的思考方向也就不会限制于一个小范围。

只要你的思维敏捷度提高到一定的程度，你就会拥有良好的"应急口才"，这种本领在各种场合都有用处，可以帮助我们解决突然面对的尴尬情况和某些不善的攻击。

无论何时，记得要坚持锻炼。

第五章

语言组织能力不好，还怎么侃侃而谈

1. 如何让说话条理清晰——四条言语逻辑的基本原则

平常我们讲话，一定要遵循形式逻辑的基本规律。如果你对什么都信口开河，胡编乱造，不但会留给别人不可信的感觉，而且你说的话也不会得到别人的重视。

所以，提高自己说话的逻辑力，可以为你的话语增添分量和说服力。

一般而言，逻辑的基本规律就是同一律、矛盾律、排中律和充足理由律。这四种规律，不同程度影响着我们的表达，体现在我们说话的每一个环节。为了把话说好，我们必须好好学习这些基本规律。

同一律——明确说话的中心思想

一篇文章，一次讲话，都必须有一个明确的思想，这个思想贯穿整篇讲话的内容。如果去说服别人接受一件事，也需要围绕一个目的来开口讲述。

否则你想说服别人不要伤心，而你却不断去讲看书的好处，别人听完也不知道你在表达什么——除非，你能给出看书可以治愈别人伤心情绪的理由。而这，就是逻辑的同一律。

运用同一律，有两点必须注意：

（1）概念必须明确。

这就是你在运用概念表达你的思想时，一定要明确概念的内涵和外延。如果你能对这个概念保持确定性，那么运用的时候，就不会偏离轨道，整个谈话也能够保持确定性。

一旦连你自己都不知道概念的准确意思，这时你的表达就难以做到准确、具体，从而容易造成思想混乱，自己说着说着，都不知道说到哪里去了。

例如你对别人说："恋爱的技巧很重要。你技巧水平的高低，是让你恋爱成功的重要条件。"这句话有什么问题呢？

问题就在于，这句话的后半句，表达的意思是技巧水平的"高低"。也许你想表达"恋爱技巧"的熟练水平，水平高了，就会容易成功；水平低了，就很难成功。但是你却说成，"高低"都是让你恋爱成功的重要条件。

换言之，你的话没有理出一个清晰的头绪，把水平低都当成恋爱成功的重要条件了。

这就是对表达的概念不明确的例证。

所以平常说话的时候，对于概念的表达一定要加以注意。

（2）不能随意转移说话的主题。

你讲话的时候，必须有一个贯穿整篇谈话的中心。你这一刻说话，只能有一个中心，不能同时有其他的中心。否则，你的话上一句说这个意思，下一句又说那个意思，听众就会如坠云雾，不知道你到底说什么。

有朋友在说话的时候，很容易想到什么就说什么。逛街看到别人吃雪糕，你跟朋友说想买一个吃。说着说着，然后你就慨叹为什么想买的衣服没有降价呢。别人听你这么说，那到底回应你去吃雪糕好呢，还是跟你讨论衣服的事情呢？

因此，讲话的时候，一定要在心里装着一个主题，想着主题，围绕着主题来讲。不要以为平时闲聊用不着这样做。你想跟朋友说去看电影，你也得要说想看的电影是什么，为什么想看吧！安慰别人，你也得围绕着"不要伤心"这个主题做阐述吧。只不过这个过程比较短，没有演讲那么长篇大论，所以你才意识不到而已。

很多时候我们跟别人吵架，吵着吵着，吵得内容跟最初已经完全不同，不知道为什么而争吵。其实冷静下来就会发现，大家说的都是同一件事。这就尴尬了。

平日留意一下，你的表达会更清晰。

矛盾律——表达的思想要前后一致

相信大家都有看过自相矛盾这个成语故事吧。

一支可以刺穿所有东西的矛，跟一个可以防御所有矛的盾，那么两者相遇，到底会产生什么样的结局呢？至少在我们这个世界，这种事情是不会发生的。这两个判断不能同时为真，至少有一个是假的。

例如，一种液体可以溶解世界上的所有东西，那么这种液体，用什么东西来把它装起来呢？如果没有东西装得起来，那么这种液体岂不是溶解了载体之后，就不会存在于这个世界吗？

所以矛盾律，不能都是真的，只能同时都是假的，而且真的也只能有一个。

在现实生活当中，不少人在说话时经常犯了自相矛盾的错误。

例如你说："这些食物我全都喜欢吃，唯独有一个，我怎么都吃不下去。"这就是自相矛盾。正确的说法应该是，这些食物我基本上都喜欢吃，或者我大部分都喜欢吃，而非全部。

平时说话自相矛盾，我们很难察觉到。一般如果你无法自圆其说一件事，基本上就是自相矛盾了。明明跟女朋友说今天去看电影了，没想到却被女朋友的闺密发现那个时间和一个妹子在一起。一个人，在同一个时间怎么会身处两个不同的地方呢？既然这两件事不能同时为真，那只能有一个是假的了。

所以在辩论中抓住对方言论中自相矛盾的地方，你就能够立刻驳倒对方，给予强力的反击。

排中律——事情是这样就这样

矛盾律跟排中律有点相似。

如果说，矛盾律两个互相矛盾的判断不能同时为真，只能有一个是假的；那么排中律，就是两个互相矛盾的判断，不能同时为假，一定要有一个是真的。

也就是说，排中律要求我们在讲话中表达的思想观点必须鲜明，是什么就是什么，肯定什么，反对什么，赞成什么，批评什么，都一定要清晰明确，不能含糊其词，绝对没有中间状态。

例如，有人说，听歌对治疗情绪很有用；也有人说，听歌对治疗情绪没用。而你却说，不见得有用，也不见得没有用。那么到底听歌对于治疗情绪有没有用呢？我们听了这话也不知道你到底要表达什么。

如果你说听歌有用，你就要清晰地表达这个观点；听歌没用，也要明确表达这个观点。你不能一边说听歌对治疗情绪有用，然后又否定听歌对治疗情绪有用，自相矛盾，相互否定。这两者，只能有一个是真的。

很多人都分不清楚矛盾律和排中律的区别。

其实，矛盾律就是两个相互矛盾的命题，不能同时为真，其中一个必定是假的。

例如自相矛盾这个故事，矛可以刺穿任何盾，而盾可以挡住任何矛，这个命题就是互相矛盾，不能两个都是真的。如果两个都是真的，就会否定其中一个；既然否定了其中一个，说明只有一个是真的，另一个是假的。

但如果两个都是假的呢？就是矛刺不穿任何盾，盾也挡不住任何矛。如果两个都是假的，也会否定其中一个；既然否定其中一个，说明另一个肯定是真的。

而排中律指的是两个自相矛盾的命题不能同时为假，其中一个必定是真的。

例如，"你中奖了，但也没有中奖"，这个命题就是互相矛盾，按照排中律，只能肯定其中一个。你要确切告诉我到底是中奖，还是没有中奖，不能模棱两可。

通常矛盾律和排中律的内容，都是放在一起对待，因此会构成"二值原则"，就是任意一个命题或者是真的，或者是假的，不能既真又假，也不能既不真又不假。

这些基本的逻辑概念，会影响到我们平常的表达。

充足理由律——说话要有理有据

充足理由律，就是说想要确定一个判断是真的，就必须有充足的理由。

我们表达观点、阐明思想，一定要有理有据。提出一个观点之后，需要给出相应的证据，大量的材料来佐证，才能让人觉得你的话有说服力。所以说明一个道理的时候，要附上相应的例子，就是这个原因。

例如，经常吃烧烤，容易致癌。这个判断，我们怎么确定它是真的呢？这时就要举例子。

只要你举的例子是真实存在的，经得起实践检验和推敲，那么你的话就会更有逻辑的力量。如果说什么都只能猜测、估计、凭空臆想，我相信说什么都很难让别人信服。

有些人说话，以为这样就是这样，他觉得事情是那个样子就是那个样子，什么理由也说不出来，就算你的辞藻再华丽，也会让人感到这些话苍白无力。

所以表达我们的观点时，论据充分，论证有力，自然就能够提升我们表达的力量。这就要求我们平时要注意多搜集生活中的材料和知识，丰富讲话中的论据内容，才能够增强讲话的说服力。

说话时，注意运用这四种逻辑定律规范自己的话语，你的表达将会更有逻辑。

2. 不知道怎么开口说话
——即兴表达能力的技巧

在日常生活里，即兴表达已经成为我们的一项基本技能了。

纵使话有说得好与不好之分，然而如果在一次次的即兴说话中，你能完整表达出自己的想法和意见，那你在别人的心里就会留下一个积极明快的印象。假如你回答的时候支支吾吾，吞吞吐吐说话，我相信你留给他人的印象也不会太好。

所以，精彩的即兴演讲，不但能够为你塑造良好的形象，还能让你展示自己的能力。

那怎样才能快速地从即兴表达需求当中，组织自己的语言呢？

这里提供一种即兴演讲的结构，是美国演讲专家理查德归纳出来的模式化表述方式：

——喂，请注意！（开头就引起听众的注意力）

——为什么要费口舌去说？（强调指出这次说话的重要性及原因）

——举例子。（形象地将一个个论点摆出来，让听众了解）

——怎么办？（具体告诉大家应该怎么做或该做什么）

我用电影《金刚：骷髅岛》举例，向朋友表达这部电影的观后感。

（1）喂，请注意！

小璐，你有没有看过《金刚：骷髅岛》这部电影呢？没有吗？我昨晚看了。

（2）为什么要费口舌去说？

这部电影我看了之后很震撼，无论是特效还是金刚的设计，都让人感到耳目一新。

（3）举例子。

这次金刚的体形，高达 30 米，比之前彼得·杰克逊那个版本的金刚大四倍，我看 IMAX 的时候，几乎都震撼到我了。而且特效又真实，临场感又强。虽然剧情一般，不过这样的特效大片，图的就是看个爽。

（4）怎么办？

所以如果你有空的话，跟你男朋友去看看啊。我强烈推荐。

这样表达，既能让听众了解我们的想法，还能知道我们这个想法背后支撑的理由。

按照这种模式说话，我们与人的沟通，就能够清晰明了。

当然了，在日常生活中，我们跟他人对话的过程，也很难完全按照这个框架的顺序说话。这时就要适当变换了。

例如：

A：我昨晚看了《金刚：骷髅岛》这部电影，挺好看的，你赶快去看吧！（先表达观点）

B：怎么好看了？

A：这次金刚的体形，高达 30 米，比之前彼得·杰克逊那个版本的金刚大四倍，我看 IMAX 的时候，几乎都震撼到我了。而且特效又真实，临场感又强。虽然剧情一般，不过这样的特效大片，图的就是看个爽。（举例子）

B：听起来还挺好的，我找时间看看吧。

总而言之，我们在谈话的过程中，一般都是按照观点—理由—观点—理由这种流程来进行交流沟通的。

"我今天过得不开心"，"我前天去了迪士尼玩，好爽啊"，"我觉得学习英文太难了"，等等，都是你的观点。

当你说完观点，你就要接着说理由了，为了让别人更明白你的理由，你还要附上例子。

如"迪士尼游乐园好玩"是观点，那么"里面的工作人员服务态度很好，而且游乐设施很刺激，玩起来很爽"，就是理由，而"工作人员怎么用友善的态度服务你；游乐设施分别有什么，可以怎么玩"，这就是你要举的例子了。

从这个即兴说话模式可以看出，真正困难的地方，就是在于"举例子"这点。

为什么呢？

因为这涉及两个因素：你的个人经历和你的知识见闻。

如果一件事情，你有过自己的经历，那么你对别人表达你的观点后，你的个人经历就成为你这个观点的佐证。

如果你没有这些个人经历，那么就算你跟别人说"迪士尼乐园好玩"，你也说不出当中好玩的原因。

很多人无话可说，一定程度上是因为个人阅历贫乏，永远宅在家里，接触的人和事有限，生活范围这么狭窄，还怎么有事情跟别人分享呢？

所以丰富自己的人生经历，是直接提高你说话技能的重要手段。

当然，除了个人经历，你的知识见闻也不能缺少。

由于自身的生活范围所限，我们很难全部经历这个世界的事情，这时我们储备一些知识或见闻，就能让我们有话可说了。

例如我们没有去过太空，但因为我们都有过这方面的知识，知道身处太空会发生什么事，如缺氧而死，没有地心引力等，就可以由此说出我们的看法。你对这方面越是知识丰富，你就越是能够说出很多话来。

我们平常跟别人交谈，多数都要调动这两方面的阅历来帮助自己组织语言。

除了命令（你给我拿杯水来），事实陈述（今天去逛街，下雨了）和疑问句式（你为什么跑去那里呢），这些语句没有直接表明观点之外，其他的话，多多少少都包含着"观点"这一特质。

即便发出感慨"我真是大笨蛋""你这个小兔崽子"，也是在表达观点。

只是在日常生活中，有时由于时间关系，或者那个话题或观点不太重要，我们很少会详细地去论证我们话中的观点，往往是一句起两句止，很少深入延伸探讨。一旦话题接不上，便会很容易造成说完这句话，就没有下句话的局面。

所以，如果我们有意识地调动自己的经历和知识，甚至所见所闻来佐证自己的话语，我们就能够跟别人很详细地聊下去，别人也能够完整地了解我们的想法。

按照这个即兴说话的模式架构，只要我们多多练习，形成表达的习惯，那我们的表达能力肯定会上一个台阶的。

最后给出一个例子，你想一想，每句话是属于哪个模式架构？

妈，下午你有没有时间啊？有的话，你帮我去书店买几个笔记本回来好吗？我下午没时间去啊，等一下就要跟小林去补习班了。她已经过来，很快就到我楼下。你有空的话，先给我买回来吧。

3. 心里有话却说不出来
——用观点线来发起谈话

我们与人交流，说话是必不可少的技能。

那我们说话是为了什么？

取得共识？影响他人？还是打发时间？都没错。

而在这些行为的后面，只包含一个目的，就是输出你的观点。

人与人之间的谈话，无论出于什么动机，背后都是在做着"发表观点"的运动。

所以我们会把很多有意思的谈话，比喻成思想的碰撞。因为思想，正是装载着我们的某些观点。

但是，并不是所有聊天都能够顺畅进行，也会出现问题。

比如跟别人聊天，聊着聊着，突然不知道怎么回应别人；别人说了一些你不了解的话题，你不知道怎么接话；或者心里明明有些话很想说，却怎么也说不出来，简直是茶壶里煮饺子——倒不出。

那遇到这种情况，我们应该怎么解决呢？

只要你懂得运用"点线面法则"，就可以来改善这个状况。

什么是点线面法则？

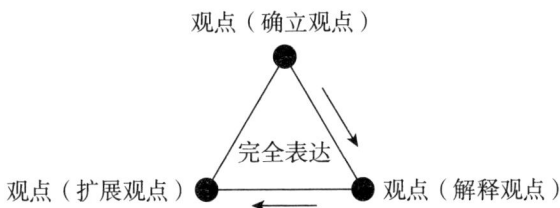

观点（确立观点）

完全表达

观点（扩展观点）　　　　观点（解释观点）

一个好的谈话，应该是既有观点，也有相应支撑的内容，而不是好像缺少水分的水果那样，干瘪，扁平，毫无营养。

例如你跟朋友说，明天想去看《复仇者联盟》。这个行为的背后，就包括一个观点：你对超级英雄类的电影感兴趣。

然后，为了让这个观点得到朋友认可，你就需要把这个观点延长成一条线，让它变得有头有尾：头部有一个观点，尾部又有一个观点，让这两个观点连起来。

为什么你对超级英雄类的电影感兴趣呢？原来是因为你很喜欢钢铁侠这个角色，所以就想看看钢铁侠在这部电影中有什么样的表现。这样就把两个观点连起来。至此，你的表达已经满足交际需求。

也就是说，你提供给聊天对象的信息量已经足够了。但是，如果你的朋友还想探求你为什么会喜欢钢铁侠这个超级英雄，接下来，你就要把这个观点扩大成"面"。

你可以丰富喜欢钢铁侠这个观点，给出两个理由，让这条直线变成一个三角形的面，也可以给出三个甚至更多的理由，让这条直线变成四方形或者多边形的面。

而理由，正是观点的另一种表达形式。这就是金字塔原理的核心要素——下一级的理由，解释了上一级的观点；而下一级的理由，又成为下下一级的观点。

于是，通过"点线面"这个法则，一个完整的表达就算全部完成。

但是，由于客观情况的复杂性，我们的聊天不可能兼顾得这么周全。

很多时候我们面对聊天对象，不是尴尬得无话可说，就是聊了几句，就不知道该如何继续说下去。

更有甚者，有些事情你很想发表看法，却总是说不出来，或者说得不到位。遇到这种情况，怎样用"点线面"法则解决呢？

确立谈话的观点

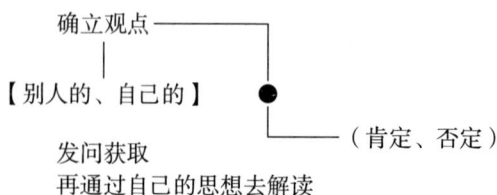

确立观点 ————┐
  |
【别人的、自己的】   ●
                    └——（肯定、否定）
发问获取
再通过自己的思想去解读

任何谈话都是一种观点的表达。

比如你走进一家餐馆，服务员跟你说"请问你们多少位"，她的观点就是想知道你们有多少人进来吃饭，好让她安排座位。

或者你朋友问你"今天过得怎么样"，他的观点就是在表达他在关心你，想知道你今天做了些什么事情。

同样，你想跟别人交谈，也是在表达观点。如果你不知道自己要说什么话，其实你是不知道你应该要表达什么样的观点。

换言之，当你无法确定对方说的话是在表达什么观点，或者你不知道面对当前情况，要表达什么样的观点，你就会陷入无话可说的情况。

无论是别人的玩笑，还是随口说出的一句话，想要对他们的话有所回应，你就必须确立其中的观点。

例如你朋友突然跟你说"人生就是一场马拉松"，说完就没了，这时你可能很奇怪，不知道怎么回应。

但是，为了有话可说，你就需要确立对方的观点，让话题能够讨论的地方清晰起来。而确立观点有两种方式：

（1）向对方发问获得观点。

（2）用自己的思想解读出属于你的观点。

针对朋友这句"人生就是一场马拉松"，如果你不知道怎么回应，你可以向朋友发问，为什么会突然这么说，你的朋友肯定会跟你解释。

如果你觉得没必要发问，或者你问了，朋友却没有即时跟你解释，这种情况也会陷入冷场的尴尬。这时，你就可以对这句话给出自己的解读。

观点，就是一种可以被肯定或否定的东西。而"人生就是一场马拉松"这句话，也是一种观点。所以，你的解读就有了肯定和否定两种形式。

当你对这句话有了肯定或者否定的观点，你就能够通过自己的个人经验或者思想，来解读这句话。

这个解读，不仅仅是用在说话上，对发生的事情、出现的动作，甚至是其他东西，都能够根据你的思想解读出不同的结果。

好比你的朋友用 V 字手势自拍，对于这个动作，你肯定它或否定它，自会得出不同的解读。

如，用想象的肯定方式：你是不是剪刀手爱德华上身，打算给自己剪头发呢？

用搞笑的肯定方式：现在流行挖鼻孔用两只手指头吗？

用鄙夷的否定方式：什么年代啊，自拍还 V 字手势？

用讨厌的否定方式：你 V 字自拍的样子好丑，我想吐！

这就是同一件事，经由我们的思想给出不同的解读结果。

你可以根据彼此的关系和交情的深浅，决定采取什么样的句式来说出你的解读。就算你觉得对方丑，碍于彼此疏远的关系，你也可以通过暗示来表达观点："我觉得，你用其他手势自拍会更好看。"

至于你怎么让你肯定或否定的观点得到延伸的阐述，这时就需要用另一个观点来表达你的看法，让其有头有尾，变成一条直线。

这就是观点线。

两点之间直线最短

确立观点　　　　　进一步解释观点

观点线

我们抛出一个观点，为了让这个观点得到进一步的理解，我们还需要另一个观点解释它。

简单的谈话，一般把观点延伸成直线就足够了。

例如"我想去肯德基吃东西"，这是直线的头部；而"我好久没有吃过烤鸡翅了"，就是直线的尾部。这样一头一尾两个观点，构成一个相对比较清晰的表达。别人就会因此知道你这样做的原因。

但我们与人交流，除了自己表达观点，别人也在跟我们表达观点。正如我前文所说，观点可以被肯定，也可以被否定。

朋友跟你说"我想去肯德基吃东西，我好久没有吃过烤鸡翅了"，对于这个观点，你到底是肯定它，还是否定它呢？

肯定就是，那一起去啊，偶尔吃吃肯德基也不错的。这是两个观点，形成一条直线。

否定就是，不要了吧，吃肯德基很容易上火啊。也是两个观点，形成一条直线。

也就是说，当你和别人聊天，你得首先懂得确立对方的观点，因为无法确立观点，你就无法去肯定它或者否定它。

一旦你脑海中无法得出肯定或否定的看法，你就没办法继续谈下去，也就不知道该如何发表自己的意见。

毕竟无论肯定还是否定，都是一种观点。有了这种观点，你就可以抛出另一个观点去解释它，让其变成一条直线，构成谈话的完整性。

所以，不管你遇到什么样的话题，只要你能够找到要表达的观点，然后问问自己的态度，到底是肯定这个观点，还是否定这个观点。当你肯定或否定完，你就需要抛出另一个观点解释它，形成一条观点线，这样你才可以有话可说。

例如别人取笑你："你这个人真的很蠢。"

对于这个观点，你已经知道对方是在向你表达嘲弄的思想。如果你认同，当然可以说"是啊，我真的很蠢"，然后再抛出一个观点去解释它："我妈都经常说我蠢。"

我相信没什么人会这样说吧！

但如果你不认同，那你就是持否定观点，可以说："我要是蠢，那你就是聪明人里最丑的那个人了。"然后又抛出另一个观点解释它："都不看看自己满脸油光、蓬头垢面的样子。"

我们的对话，就是不断重复观点与观点之间的表达和解释。

但是，想要让这个谈话更加丰富，做到两点一线的表达，依然还有缺失。

为了让你这条表达直线获得更好的支撑，你必须让其变成面，给出支持你肯定或者否定的具体理由。

如何丰富你的谈话面

面，就是支撑观点的理由。

而理由，则是客观事实和主观感受。在你的谈话中，加上这两种理由，你的观点就不会过于单薄和干瘪。

比如上面的例子"人生是一场马拉松"。

对于这句话，你首先确立其表达的观点，就是马拉松是一种持久性的长跑运动，很考验人的体力和耐力，而人生也是一个漫长的过程，很考验人的体力和耐力，这两者在某种程度上很相似，可以拿来比较。

确立完观点，你就可以肯定或者否定它。

假如你认同这个观点，可以给出自己的看法："对啊！人生就是一场马拉松。"

接着再抛出另一个观点进一步解释它："赢在起跑线，未必赢得了比赛。"

最后，给出理由，主观感受加客观事实："如果过程你发挥不好，最后一样会被别人追赶超过，所以我们没必要急于一时。"

如果你不认同这个观点，也可以给出自己的看法：

"你以为人生是一场马拉松？别开玩笑了！"（否定观点）

"依我说，人生根本不是马拉松，而是百米冲刺，一起步就已经决定结果。"（抛出另一个观点解释为何否定）

"你看看那些富二代，他们一出生就赢了我们半辈子了。我们无论怎么努力追赶，付出多少努力，到头来连他们一个月的零花钱都挣不了。"（扩展谈话面，主观感受和客观事实）

这样看，点、线、面好像是三种不同的概念。其实，这只是一种表达形式，而不是一种固定的说话顺序。这三个词语的内核，都逃不离你在表达观点这一行为。

只要你能把观点按照这个形式去说，你的话就能构成一个完整的表达，无论你把内容的顺序怎么调换，都不会影响你的表达。

还是上面马拉松这段话，但如果你把这段话的每一句话反过来，按照面、线、点的顺序去说，也能构成一个完整的表达。

如：

"那些富二代，他们一出生就赢了我们半辈子了。"（确立观点）

"我们无论怎么努力追赶，付出多少努力，到头来连他们一个月的零花钱都挣不了。"（抛出另一个观点进一步解释）

"依我说，人生根本不是马拉松，而是百米冲刺，一起步就已经决定结果。"（主观感受和客观事实）

你看，这段话要表达的中心思想，依然没变。

无论怎么调换句子的顺序，表达的逻辑还是依照点、线、面这个顺序。

也就是说，你要先懂得去确立观点，肯定它还是否定它，然后再抛出另一个观点去解释它，让其变成一条观点线，最后给出相应的理由，让这条线扩展成一个面，这个顺序能够让我们更好地表达。

只要在日常对话中，有意运用这个法则来聊天，不管你遇到什么话题，你都能够发表一定的看法。

至于看法好不好，有没有深度，就跟你个人阅历和学识有关了。

4. 话说得不好怎么解决
——锻炼口才的复述能力

我们跟别人说话，一般有两种情况：

（1）根据自己的经历简单说出心里的观点。

（2）围绕一个主题，有根有据地系统阐述自己的观点。

第一种情况非常简单，别人问你一个什么问题，你把自己的感受说出来就行了。

例如别人问你"今天过得怎么样"，你回答"挺不错的，去了×××游乐园玩了一天，那里的游乐设施非常刺激好玩"，至此，一次简短的交流就完成了。

这种回答形式的观点表达，几乎没有什么难度。因为我们从小到大都有过这样的"训练"，只要不是哑巴，谁都可以做到这一点。

然而第二种情况，就不是每一个人都能够做到了。而这个形式的表达，往往是决定一个人的口才是否厉害的重要凭证。

例如别人问你："你对金钱在爱情上的作用有什么看法？"

如果我们运用第一种形式去回答这个问题，我们说出来的话很可能是泛泛之谈。

诸如"没钱也可以谈一次平淡的恋爱"，"有钱才能够配得上幸福"，"钱能够让彼此的感情升温"，等等。

这些观点，未必就是错，但别人压根不知道你这些观点背后的逻辑理由。

所以，当我们表达完自己的观点之后，一定要给出相应的理由去证明这个观点，还要给出相应的实例去印证这一点。这是我们阐述自己思想的完整流程。

这本来不是什么难事，可是为什么很多人，却只能在简单的对话中回答别人，而无法长篇大论地表达自己的思想呢？

我相信这也是很多人的困扰，说短句可以，但要是把这些短句组合成长句，再将其变成一个段落，那就非常困难了。

很多人之所以口才不好，就是因为他们说不了"段落"。而这个世界需要我们表达的很多地方，往往要用到短句组成的段落来阐述我们的思想。

试想一下，你跟 HR 见面，对方问你"你为什么选择我们公司"，你可以回答"我觉得你们公司很好"这么简单吗？

肯定不行。

我们需要把自己的观点组合成段落，让其打包成一个完整的思想包裹递给别人。当别人拆开这个包裹之后，就会明白里面有什么内容，从而领会我们的想法。

观点，只不过是外包装，而核心的内容，才是决定这个思想包裹好与坏的重要因素。

我们说话，不仅仅要有观点，还要有支撑这个观点的内容。

内容，就是由一个个短句变成长句，由长句组成段落的言辞组合。我们怎么把这个"组合"流畅地说出来，就是我们口才能力的很好证明。

你为什么说不了段落

在我们日常生活当中，我们大部分时间与人对话，都是通过短句去交流的。

例如朋友说："今天天气很好啊！"你回答："对啊，阳光灿烂，气候宜人。"接着你的朋友又问你："这段时间做什么了？"你再次回答："在家里学习而已，什么事都没做。"

听到你这样说，朋友又继续问你："你居然学习这么勤奋啊，为什么呢？"你根据朋友的问题答道："因为过两天就要考研了，我一刻都不能怠慢啊！"

这样简单而简短的对话，几乎充斥在我们生活周围。

通常这种一问一答的形式，我们都是通过短句去表达自己的观点。因为运用短句，已经满足彼此交流的需求，对方也很清楚你要表达的意思。

当我们长此以往习惯了这样一种短句的说话形式，一旦让我们置身于那些需要说段落的环境时，我们就很容易哑口无言，不知道应该怎么把短句组合成段落。

其实这个情况也很正常，毕竟我们在生活中运用段落去交流的时刻，真的少之又少，也没有这样的锻炼机会。除非有必要，否则谁都不会长篇大论地跟别人发表自己的意见。

问题是，这个"有必要"指的是什么情况呢？

就是讨论某些事情时，需要说服别人时，向别人做出解释时和讲述自己的想法时。

这四种情况，很多时候都需要你通过段落而不是短句去阐述自己的观点。

而在我们日常生活的交流当中，这四种情况多多少少会夹杂在简短的对话里面。

当你遇到这些情况，而无法组织言语说出整个段落，你的表达能力自然就比较弱。

所以，提高自己组织段落的能力，就是提高你口才的关键步骤。

用第三方的素材提高自己的表达能力

锻炼口才的方法，我在前面的章节说过，朗读、背诵和复述是必不可少的。这三步，对于我们提高语言组织能力，已经足够了。

然而，很多人在锻炼口才的过程当中，遇到的问题在于：朗读的时候可以很顺畅，可一旦自己去讲述，这一秒说了上一句，下一秒就不知道怎么说下一句。

为什么会这样？

其实关键的原因就在于复述这个步骤上面。

复述就是通过自己的语言，把看到的文章按照大概的意思说出来。我以前看到一些不错的段落，而那些段落我自认为写不出或说不出时，我就会把那个段落单独揪出来朗读。当我把这个段落朗读到看了上一句嘴巴就能够自动说出下一句时，我就开始去复述它。

通过复述这段材料，把这段话当成演讲那样说出来，你就会养成自然而然脱口而出的状态。当你能够做到这样，无形中就已经积累了这种表达方式的说话框架。

背诵与不背诵的差别，就是当你能够把这些文章输入自己的脑海里，你就很容易理解这篇文章的脉络，知道先说什么，后说什么。然后你就可以以此作为说话的表达框架，你的语言组织就会变得很轻易，而这，就是我们常说的"语感"。

如果你脑海中积累了相应说话的框架，例如吵架的框架、论说的框架、抒情的框架、争辩的框架，那么这些素材带给你相应的语感，你就知道怎么组织语言表达自己了。

当然，如果你不想背诵，那么看到材料的时候，有意识去理解材料的框架，你也会提高自己的表达能力。

为什么你看了很多书，依然说不好话？就是因为你没有梳理书中的逻辑脉络，不知道段落之间的表达顺序，缺少整体的架构认知。不知道这个架构，看完书，你也不知道该从何说起。

看书的时候，把书中的一些重点整理出来，然后再把这些重点的相关论述标记起来，会提高你的思维深度。也就是说，重点所表达出来的观点，背后都有作者的逻辑支撑。如果你同意，就在自己的生活中寻找相关的经验和事例；如果不同意，也思考生活中相关的经验和事例，以此去印证自己的观点。

这个过程，就是通过书中的框架来填充和完善我自己观点的一个过程。有了这个过程，你表达的逻辑线就会出来了，说起话来就会一段一段，而不是简单的一两句。

所以多背诵、多复述，甚至多思考一些表达观点的文章段落，这样就可以增强你语言的组织能力。

如何练习及相关问题

首先，找到你喜欢的内容。

你喜欢辩论，就熟读这样的内容；你喜欢抒情的表达，就多读一读抒情方面的文章。

这种素材积累多了，经常被你咀嚼消化，你就会积累到这种表达的说话框架。这些材料，其实你手机上公众号的文章推送都有很多，找到你喜欢的那些话，然后记下来，朗读后去复述，直到自己能够脱口而出。

然后不断重复复述这段材料。

陈铭老师那段话，我朗读的时候很流畅，但换作自己复述出来，这个过程有些地方我会说得磕磕绊绊。不是普通话发音的问题，就是我要思考下一句要说什么。换言之，我复述的熟练度还不是很高。

例如我复述"唯一的一道鸿沟就是它现在还没有自我意识"这句话，其中

"一道鸿沟"这组词语我普通话发音不是很利索，于是我就针对这句话重复大声朗读几十遍之后，终于把这组词语说顺了，这时我再结合整段材料再次说几遍，直到最后，我可以一气呵成地自然流畅地整段复述出来了。

最后像演讲那样把整段话说出来。

当你能够复述这段话，这时你就要像面对众人演讲那样，对着镜子里面的自己，说出这一段话。你的表情，你的语调，每句话之间的停顿，还有说话时的自我情感，都要融入进去。如果你觉得很难做到，就先从一些有具体人物的言谈中学习。

一些综艺节目，都有相关的人物给你参考学习，你可以留意他们说话时的表情和姿态，把这些特质融入你自己的说话里面。当你养成这个习惯之后，自然就能够很轻易地表达自己了。

用现成的材料去提高自己语言组织的能力，这种方式是最有效的，而且久而久之，还能增强你表达的自信心。

5. 思想不够深刻
——这样阅读去提升深度的表达力

现在每天全世界产生的信息量，相当于牛顿那个时代的人一辈子接收到的内容。

在如今信息爆炸的时代，我们每分每秒所接收到的信息量十分庞大且芜杂，而且并不是每一条信息对于我们来说都是必需的。也就是说，我们的很多时间，都浪费在有意无意接收这些信息上面。

当然，阅读不应该太功利性，怎么舒服怎么来，但倘若你需要有目的地去阅读呢？读完之后，你会得出一些有帮助的思考吗？

问自己一个问题，你有没有觉得自己深度思考的能力，开始慢慢退化？

给自己做一个小测试，现在让你针对一个题目发表自己的看法，你能够说出多少内容？

例如：

碎片化学习，如何剥夺你深度思考的能力？

碎片化学习，如何解决你对知识的焦虑感？

看到这两个题目，你可不可以针对它们发表一千字以上的意见呢？

一个是否定性质的题目，要让你论证碎片化学习的坏处；一个是肯定性质的题目，要你论证碎片化学习的好处。

如果你无法从正反两个方面去论证它们，对这些题目并没有多少内容可以讲述，那就可以说明，你缺乏深度思考的能力。

不要以为引经据典、旁征博引，就能说明你具备深度思考的能力，顶多证明你懂得怎么去深化论证这个题目的操作方法。

但真正的深度思考能力，是你结合自己曾看过的书，听过的话，走过的路后，由此思考而形成的你对外界所持有的看法。

这些看法你有自己支撑的理由，你知道怎么找到相关的例证去证明这些看法；同时你也知道自己这些看法的局限性和适应性，而非固执己见地认为自己所说的就全部正确，不可非议。

这就是批判性思维。

你知道自己这个看法，在哪些情况下可以更好地印证它，在哪些时候却无法把它应用出来，而非一揽子全盘接受，不加思考地什么都往脑子里装。你可以思考出，某些观点好的地方在哪里，不好的地方又在哪里；有道理的地方在哪里，没有道理的地方又在哪里。

正如我说锻炼口才一定要有朗读这个环节，你就想一想这种方法到底好处在哪里？缺点又在哪里？

比如在宿舍或者在一些人多的环境下，大声朗读很容易影响到别人。既然这样做不好，那又如何更好地去应用呢？当你知道这个方法的局限性或者缺点，你自然就会知道怎么安排时间和锻炼的空间，用另一种更好的形式去替换。

这就是深度思考能力。

对于任何观点，你都经过自己的咀嚼，然后得出自己的看法。

然而，正因为现在我们每一天都接收大量有用没用的信息，很多时候一些公众号直接向你灌输他们得出的观点，往往是非常简单粗暴。当我们的大脑无形中被作者行文的流畅性和表达的爽快性吸引住，我们就会在潜移默化中接受这些文章的观点。

一旦文章调动起我们的感受系统，让我们接受了它们，我们就再也没必要开动脑筋思考。最后只剩下"说得好""就是这样""太有道理"这些片面的感觉，至于得出这些感觉背后的逻辑推论，却被放在了一边。

这就是看了这么多文章，我们好像学到了很多东西，其实回想一下，我们什么都没有掌握的原因。

大概只记得认同这篇文章留给我们的感觉，至于为什么认同，它阐述的道理好在哪里，不好在哪里，我们却说不出个所以然。

正如有些干货文章，包括我自己写的那些，会告诉你一些步骤，应该这样做，应该那样做，应该怎样做，但那些没有告诉你的步骤呢？你想出来了吗？

我想你肯定很少去思考过。

当你无法把接收的这些信息经过自己脑袋的思考，而由此形成自己的看法，那无论你每天多么努力地去看推文，去学习文章的知识，去解决自己无知的焦虑感，你最后还是不会养成深度思考的能力。

更不用说，以此为基础的表达能力。

阅读的目的并不在于看完

如果说，浏览公众号推送的文章，只是为了图个爽快和了解新鲜事，没必要上纲上线做什么深度思考，那么看书呢？既然网上"短平快"的文章会剥夺我们深度思考的能力，那么阅读大部头的书籍总可以弥补这个缺陷吧！

事实上，阅读的好处，就是让我们从中获得的知识，更具逻辑体系。而不像公众号那些文章那样，每一篇都讲述一个观点，你看的这篇和看的那篇文章，很难形成一个统一的体系，当然你也懒得整理成形，于是看得很多，学得却很少。

我们看书之所以感觉有所得，是因为我们看一本书，每一次拿起阅读都是一种记忆唤醒，唤醒你之前曾看过的内容。

这个优势，公众号上的文章是不具备的。

我相信你看到喜欢的文章，把它点击收藏之后，几乎就不会重新再看一遍了。而书籍，由于大部头，看完很费事，所以每一次阅读，都能够让你记起前面的内容，当你看完一本书，多多少少都有所获。

但是，这对于提高我们深度思考的表达能力，还远远不够。因为阅读不是结果，怎么把阅读到的内容通过思考输出我们的看法，这才是结果。

现在很多人都标榜自己一年读了多少书，好像一年不读个200本书，就对不起自己，对不起社会，对不起党和国家似的。

问题是，读过的这些书，有多少东西留在自己的脑海当中，形成自己的思想？我们很容易错把"拥有"书籍，当成已经"学会"书籍。

看书"有效果"的显著特征，就是你合上书本，随便拿起书中的观点论述，你都可以侃侃而谈。你不但能够用书中的例子印证自己这个看法，还能够通过自己现实生活当中的例子，去说明这个观点。

如果你无法把书中的知识转化为自己的看法，你的表达能力就无法得到显著的提高。

所以看多少书并不是目的，你用什么方法看才是。

那到底要怎么看，才能锻炼自己深度思考，从而提高自己的表达能力呢？

如何把知识转化为自己的看法

想要培养自己深度思考的能力，无论你阅读什么样的内容，公众号的文章也好，大部头的书籍也好，你都必须有一种审视的态度，就是把自己当成"审稿人"。

首先，你要懂得识别书中的内容是"事情"还是"思想"。事情，可以是事实，可以是故事，也可以是案例、实验等；而思想，就是观点、结论、看法、评价等等。举个简单的例子：

如：小明今天去了小东的家回来后，心情很不好，觉得人生没意思。

这个例子，前者就是发生的事，后者就是表达的思想。

看到这句话，你依然不明所以，因为这句话缺少了把两者联系起来的逻辑结构。

通常，在日常生活中，我们只需要加个为什么，对方就会告诉我们具体的原因，但我们在阅读的时候，很多时候需要自己去寻找这个逻辑关系。

有些文章，只是描写事情，并没有输出观点，这时你就要发掘其中的思想，比如被我们老师拿来讲课的鲁迅文章，就是属于这一类。作者通过讲述一个故事，以此映射某些现象，从而引出文章的中心思想；而有些文章，只是讲述观点，很少附上具体案例说明，这时我们就要思考，自己周遭到底存不存在可以印证这个观点的事实。

当事情和思想你都找出来了，这时你就要让两者建立逻辑关系，可以问自己三个问题：

（1）这两者的论证，是否合理？

（2）我能否找到文章以外的例证？

（3）这个观点是否具有普遍性？

例如，锻炼口才对于我们的生活会有很大的帮助。

很明显，这是一个观点，也是一个结论。

但直接接受它，是无益于我们深度思考的。这时，你就要把漏掉的"事情"补充回来。想一想，在你的现实生活当中，有没有具体的实例，可以证明这个观点。

如，小丁以前是一个笨嘴笨舌的男生，后来参加演讲训练班，锻炼自己的口才。一年之后，他被举荐为辩论社团的辩手，代表学校参加辩论赛，还赢得第一名。现在他的工作是营销经理，年薪几十万，经常跟老板谈生意，生活如意，口才真的帮了他很多。所以，好的口才，真的可以帮助我们生活得更好。

如果你找到具体的实例，你就要想一想，让小丁生活变好的原因，有多大程度是跟锻炼口才有关系的，也就是这个结论跟事情之间的逻辑关系是否合理。

为了印证这个结论的合理性，你可以从书中寻找案例，或者做实验调查，甚至直接找当事人去询问。假如小丁的回答是"锻炼口才真的帮助我很多"，说明你这个"好的口才真的可以帮助我们生活得更好"的观点，在小丁身上是合理存在的。

那这个观点具有普遍性吗？普遍性，就是普遍合理。这个问题的作用，就是让你思考观点的正反面。一个观点，不可能全部适用，肯定有例外的地方。假如这个观点具备普遍性，也就能从另一方面说明相反观点所占据的比例。

例如你从各种历史人物的评价或不同人物的讲述当中，都发现了口才好会给生活提供很大的帮助这一普遍的现象，那就证明，锻炼好口才，真的会让生活变好。

相反，口才不好就会影响生活变好这个观点的例证，也肯定存在。

否则别人很容易拿个案去反驳你的结论，说谁谁谁口才不好，还不是一样会成功？毕竟普遍性是可以证明观点的可行程度高，而个案则证明观点可行程度低。

所以，想要提高自己深度思考的能力，各个方面都要想到。

这一连串的思考，就是积累意见的过程。一本书里面，通常会有一个大的观点，为了说明这个大的观点，整本书会有很多小观点来辅助证明。

当你遇到每个小观点，都按照这种模式去咀嚼，最后这个思考过程完成之后，你自然就会有话可说，懂得对一些事物发表自己的看法。

不管这个看法是正确还是不正确，你都有相应的内容去证明，而非泛泛之谈。

提高自己的表达能力

阅读的时候，保持审视性的思考，需要我们主动出击。

只有主动思考，我们才能够咀嚼观点、消化观点，最后讲述观点。那怎么运用习得的观点武装我们的表达能力呢？

（1）主动复述。

既然书本上的内容，大多数是由"事情"和"思想"组成的，那么把事情记下来，这就积累了一个案例；而思考观点，就是形成自己的看法。想要把这两点混合起来作为自己表达的武器，复述就是最好的方法。

当你看完一篇文章，找出"事情"和"思想"的地方，运用我上面教导的方法思考一番之后，再用自己的语言围绕这个观点复述出来。

由于复述事情就好像讲故事，而复述观点就好像在表达自己的意见，所以多做这样的练习，你的表达能力自然能够提高。

（2）自我反驳。

正如我在前文所说，一个观点，肯定有正面和反面的证明。当你按照书中的论述，复述出它们的观点，这时你就要从相反的方向去辩驳这个观点。

而这个相反的观点，也必须是经过你自己思考得出的答案。

既然书中教导你"锻炼口才可以帮助生活变好"，你就要思考出"不锻炼口才，也可以让生活变好"，然后你寻找相应的例证去证明这个说法。

经常做这个自我反驳的练习，你的思维就会越来越清晰，语言表达力也会越来越强。

（3）思考关联逻辑。

很多知识，其实是相通的，只是表述的侧重点不同，从而导致名称不同而已。

例如经济学上的滚雪球效应和哲学上的滑坡谬论，在表达上都是从上往下伸展的一种姿态，只是前者用来描述"钱滚钱"的资源积累，后者是用来形容我们对某个想法过分严重化的倾向。

当你能够把 A 知识和 B 知识搭建起相连的逻辑关系，懂得如何类比知识，你就会知道一些观点，到底可以发散应用到哪个地方，应用到哪些方面。这样做，可以锻炼你的联想能力。即使别人给你抛出一个话题，你对那方面没有相关的知识，你也可以联想类比出一个看似有道理的答案。

例如别人问你，你对当前中国的经济形势有什么看法？

你说："就好像爱情那样。我们都渴望找到厮守终生的爱人，就算炽热激烈的感情，慢慢归于平淡，也依然不离不弃。很可惜，现实永远没有那么完美。当我们的爱情归于平淡之后，问题就来了。中国经济带给我们的感受也是如此。"

这就是通过联想逻辑得来的表达能力。你只讲述了"事情"，至于这个事情带出的是什么观点，你自己知道就好。

有了上面这些能力，你的表达能力肯定比以往变得更加有深度，说出来的话自然也更加有内容了。

6.怎么做才能让自己言之有物
——通过读书培养你的谈资

读书能够提升我们的说话能力。

这一点，我相信很多朋友都听说过，而自己却从未试验过。

我们尽管没必要像主持人那样口齿伶俐，不过如果你说话词不达意、吞吞吐吐，别人就无法理解你的意思，从而导致彼此的沟通无法顺利进行。

我们与人交流，某种程度上就是建立一种信赖关系。

凭借着这种信赖关系，我们从别人口中获取信息，或者别人从我们口中获取信息。而建立这种关系的过程，最简单的就是从闲谈开始，然后一步一步加深彼此的人际关系，最终让对方信任自己。

而第一步的闲谈，往往有时可以起到决定性的作用。

你能够抓住重点，做到通俗易懂、清晰流畅地进行解释、说明，这才是关键。

说得严重一点，有时候你的发言能力，真的可以决定你每天的际遇。那怎么培养自己的说话能力呢？

当然就是读书。

读书的作用，就是让文章的结构进入大脑，提高发言时的建构能力。随着你读的书越来越多，知识越来越丰富，你就能够自如地操控丰富的言辞，提升自己的发言能力。

我之前的文章就说过，把你学习到的内容，转化成谈话的材料，讲给其他人听，以此为目的来读书，你就会更好地锻炼自己的说话能力。

这个"讲给别人听"，不一定是真的找个人去讲课，而是自己看书的时候，有意识地把看到的内容，用一种将来会讲给别人听的思想来进行学习，就会取得这种效果。

例如我看报纸的时候，看到有趣的东西，我都会自言自语地去朗读，试着把这个内容复述出来，好像正在给别人讲课那样，这样我对文章内容的记忆就会更加深刻。

很多时候我们与人闲聊，大多数内容，都是来自自己的经历和知识。如果你的经历少，知识又贫乏，那么你基本上就很难开启闲谈的模式了。

读书，就是积累闲谈的内容。

千万不要小看闲谈的作用，任何情感的联系，都是始于闲谈的。这种手段，是人与人之间交往的一种重要的沟通手段。

根据日本作家斋藤孝的总结，闲谈有以下特色：

（1）闲聊表面上是没有任何意义的，但其背后的作用却是积极的。

（2）闲聊是由"寒暄＋相关的内容"组成，一般都没有固定的主题。

（3）闲聊不需要结论，一般都不是为了解决问题而说的。

（4）闲聊随时都能够结束。

（5）只要懂得练习，任何人都能够开启闲聊模式。

这样看，闲聊其实很容易做到——只要你有足够的谈资。而谈资，自不必说，就是从读书得来的。

通过多读书，掌握各种表达形式和遣词造句，既可以增加你的谈资，又能够加强你的闲聊能力。

例如，当你坚持读了五十本书后，你会发现自己的思想和表达都变得跟以往不同了。这种潜移默化的改变，你很难一时三刻看得出效果，如果你一直坚持这么做，我敢保证，你会慢慢获得益处。

当然，读书还是要讲究方法的。

一般学习的读书法，市面上已经有不少指导书籍了，我就不再赘述。我这篇文章，说的就是提高说话能力的读书方法。

我将这个流程分为三步，就是：读—思—用。

读

读书有很多形式，其中慢读就是取其精髓的好方式。

慢读可以锻炼我们读书的耐性和韧性。如果平时看书草率马虎、粗心大意，我相信这种做法是无法让我们获得进步的。

而在慢读当中，其中一种最重要的方法想必就是朗读。

朗读是锻炼口才的方式，我已经说过很多了。

朗读可以加深我们对阅读内容的理解，加强记忆，甚至还能提高我们的写作水平和口才能力。但不少人都不明白，怎么朗读才能够提高我们的口才能力。

这里我提供一个流程。

第一步，就是在开始朗读前先要把朗读的材料梳理清楚，例如一些字形、字义和字音上，如果不了解清楚，读起来就会断断续续、磕磕绊绊。

第二步，经过一段时间的准备，你对于文章的内容有了一定的把握，这时你就可以流畅地朗读文章，做到纯熟地流利背诵，正所谓"熟读成诵"。

如果你能够用最快的速度，还能清晰地读出这篇文章，你的口腔肌肉就会得到锻炼，说起话来自然轻松自如。

第三步，就是根据文章的体裁和思想感情，用相应的语气来读出文章的内容。

例如读一些诉说失恋的文字，你能够朗读出伤感的情绪；读慷慨激昂的演讲稿，你能够朗读出大气磅礴的情绪，那么你对于语音语调的掌握，就提升到一个不错的地步。

第四步，就是脱稿做到上述三步。在不看着稿子的情况下，依然能够做到上面这三步，你的大脑自然会形成一种语感，久而久之，便会变成你口才的一部分。

以前我读英文句子，刚开始连单词都念不准，更不用说把整个句子说得流利了。我就运用这种方法练习，最后把整句话变成我脑子里的东西，可以随口轻松说出来了。

而这，就是坚持朗读带给我的改变。

思

学而不思则罔。

为了把学到的内容变成我们脑子的一部分，必须经过深度思考，才能牢牢刻在我们大脑里面。

朗读很容易造成我们死记硬背的思维惰性，如果我们不主动调整，最终就会变成照本宣科的死板。而我们说话，一定要灵活，充满创意和想象力，这时思考的作用就尤为重要了。

读书中的思考，就是理解能力的发挥，也是总结能力的运用。这是一种把书从厚读到薄，从薄读到厚的过程。

在阅读时，我们对一些重点的知识反复思考，得出自己的体会和想法，解决了心中对内容的"疑难杂症"，这就是把书读厚了。

因为除了书本中的知识，我们由此产生自己的心得，这些心得是书中没有的，也是我们对材料不断进行理解加工的过程。

有了这种过程，我们的脑子里的东西自然会越来越丰厚。这时说起话来，我们就是自己的思想表达，而不是照着书本来发言。懂得带着思考去读书，就能培养出我们对世界的观点。

至于把书从厚读到薄，就是把握书中的要点，掌握核心问题的过程。厚厚的一本书，读懂了，理解了，懂得抓住重点和中心思想，你能够用三言两语就总结出整本书的核心价值，你就把这本书读得透彻了。这种方法，非常锻炼我们的表达能力。

这就要求我们，一定要把书中不懂不理解的地方吃透，遇到任何问题，都不要轻易跳过，主动去寻找答案。只有这样，才能训练到我们的思考能力和语言组织能力。

尽管市面上教人阅读的书籍已经多如牛毛，但大多数都无法脱离"SQ3R"读书法的框架，顶多是对其中细节运作上做一些补充而已。

那"SQ3R"读书法到底是什么？

这个方法是由F.P.Robinson在《有效学习》一书中提出的。具体来说，就是Survey（浏览）、Question（提问）、Read（阅读）、Recite（背诵）、Review（回顾），提取头一个字母组成SQRRR。

按照这个方法，我们在阅读的时候，可以分为五步。

（1）就是先预览一些阅读素材的整体架构，包括目录、章节安排，哪些内容对自己有用，哪些内容需要深度学习等，做一个基本的了解，让自己对此产生一些想法。当你对材料有一个大概的认识，你就可以有目的地组织信息，获取相关信息。

（2）开始学习之前，你先要对文章的标题或者某些内容，提出自己的问题。例如我跟你说读书应该按照"SQ3R"方法学习。

看到这里，你就应该想给自己提问：什么是"SQ3R"读书法？谁提出的？有了这个提问，你就可以带着思考从阅读中寻找答案。

（3）接下来就是阅读。研究证明，阅读的时候在书本空白的地方记下自己的感想或者做笔记，完了后把重点画线的地方摘抄下来，添加自己的意见，形成读书笔记，会比单纯浏览页面或者只画重点，更能取得效果。也就是说，你一定要对看到的信息进行自己的加工，才能把知识转化为自己的思想。

（4）当你找出需要学习的信息，你最好把这些内容通过复述的形式大声背诵出来，这是另一种进一步深度加工信息的好方法。

因为复述式的背诵，可以强制你将信息用自己的语言进行重组，这个过程会调动你的听觉记忆和逻辑思维。如果你能够向他人传授学到的某些内容，你就明白这个方法的好处了。

（5）最后，你完成了上述这四个步骤，接下来你就可以休息一段时间。

不过休息完毕，你就要把学到的东西，重新在你脑海之中回顾一遍，复习学到的东西；然后休息一下，隔一段时间后再复习一遍，等大脑让这些知识从短期记忆变成长期记忆，你就会完全掌握这些知识了。

这种学习，会让你学得更加有效，也更加牢固。

用

最后是"用"，就是把学到的内容和知识，运用到生活当中。

正如我文章开头所说的那样，你可以把书中的内容变成谈资，用在跟别人的闲聊上。当你的谈资积累得越来越多的时候，你就越容易应对他人的话题，闲谈起来也就可以轻松自如。

为什么复述是一种很不错的运用能力？因为它能够对阅读材料做进一步思考、消化。

如果你都把学到的内容读懂了，那么运用自己的语言把这些内容准确表述出来，不会有太大的难度。你觉得难，那是因为你还没有完全理解这些材料。

也就是说，当你能够把学到的东西通过自己的语言复述出来，可以讲课别人听，你的表达能力不会差到哪里去。

就算别人没有兴趣，你也可以复述给自己听，毕竟你可以发现哪些地方复述得不好，哪些地方可以复述得更好。

尝试在看完书后，多给自己问一些问题，看看你能不能回答出来。一问一答的训练，长此以往，就能够提高你的说话能力。

上面我提供的这些方法，你可以按照自己的兴趣来练习。无论是什么书籍，什么报纸杂志，只要你觉得有兴趣，都可以拿来练习。

只要坚持一段时间，你的闲谈能力，就会变成你的优势，最终你的口才，肯定会有质的飞跃的。

你想不想试一下呢？

7. 语言表达效果不好
——掌握这三个方面就能全面提高

表达能力，对我们每个人来说其重要性已经不言而喻。

缺乏这种能力，不仅仅会影响到我们日常生活中的与人交往，甚至还会影响到工作上事情的倾谈和处理。

那到底什么是表达能力呢？

表达，就是把自己的所思所想，通过语言文字等方式，清晰准确地传递给他人，以便他人能够获得很好的理解。

从这个定义可以看得出来，好的表达能力和差的表达能力，主要体现在三个方面：

（1）你对表达的内容能否想清楚？

（2）你能不能清晰准确地传递想的内容？

（3）这些内容能不能被他人轻松理解？

好的表达能力，就是你把自己想说的说出来，别人还听懂了，彼此心领神会；而差的表达能力，就是你说了一大堆，别人依然不知所云，毫无头绪，浪费大家的时间。

所以想要提高自己的表达能力，从这三方面入手锻炼，打好基础，那么就能够全面提升你的表达能力。

想得清楚才能说得出来

很多人对于说什么之所以有"词穷"的情况出现，就是因为他们连将要说的是什么，都不知道。

排除性格内向腼腆等导致你不敢开口的外在因素，不知道自己说什么才好，一般都是以下原因造成的：

（1）你对话题不熟悉，没有研究。

（2）你找不到表达内容的切入点。

（3）懒于思考组织语言表达内容。

对于第一个原因，这是非常正常的事情。问你一个问题，你知道心脏移植手术有什么风险吗？死亡率有多高？

你不知道？很好，那就对了，我也不知道，毕竟这不是我们专业范围内的知识。

术业有专攻，每个人的知识领域都不一样，你不可能对每个话题都熟悉。否则别人寒窗苦读数十年才对一个领域有深入的研究，随时能发表相关的意见，而你什么都没有学就想侃侃而谈，你以为你活在科幻世界里吗？

要是身处这种情况，你就不要强迫自己有话说了，把话头交给那些专业人士，自己安静地坐在旁边倾听就行。当然了，如果你对于讨论的话题有过亲身经历，还阅读过相关的资料，你完全可以抛出疑问，发表一下自己的想法。

这就说明，想要有话说，阅读和经历是必不可少的条件。不过人的精力有限，不可能样样精通，样样都能说。在学好自己本专业的前提下，再广博地涉猎其他领域的知识，这样才能够让自己的谈资丰富起来。

而对于第二个原因，你对于某些领域已经积累了相关的知识，却依然不知道要说什么，其原因就是你还找不到表达的切入点。

什么是"切入点"呢？

就是表达的主题和方向。它好像国道的出发点，一旦你在众多道路当中找到这条国道的入口，你就可以一路向北。

例如我对于演讲口才积累了不少知识和经验，可有时候我真的不知道继续更新什么文章，好像要说的题目我都全说了，找不到其他可以讲述的地方。为了这事，我掏空脑袋都想不出来。这就是找不到切入点了。

而一旦我找到讲述的切入点，就是所谓的有灵感，有主题了，那么接下来，我就可以顺着这个主题一直说下去。也就是说，以表达中心为入口，当你找到这个切入点，那么表达下去就是很自然的事情。

那怎么找到切入点呢？

这就要根据表达的主题内容，从不同的方向找到一个合适的点来阐述。一些主题，除了有正反两个方向，就算是同一方向，也可以从不同侧面来讲述。

我的文章都是在讲提高口才，但提高口才有很多可以论述的方向，诸如用什么方式锻炼，聊天应该怎么做到有趣，沟通怎么做到和谐等，都属于提高口才的范畴。找到适合主题的那个点，这样接下来就能够组织语言去表达了。

平时生活当中也是如此，我们发表意见，一定要根据谈论的话题找到这个切入点。当然了，如果你找到这个切入点，却懒于思考并组织语言去表达，那你也不知道怎么开口说话，这也是第三个让你"词穷"的原因。

所以，千万不要让自己的思维产生惰性，尤其在说话上。

清晰而准确地表达

怎么把自己的所思所想清晰准确地表达出来，需要经过一系列语言组织的思维过程。

在你开口之前，你必须想清楚首先说什么，接着说什么，然后说什么，用一条逻辑线指引着你有序地表达。

问路是最考验我们表达能力的时候。想一想，如果有人向你问路，你该怎么组织语言才能够把答案清楚地说给对方听呢？

在你的大脑里面，肯定知道问路的那个地方怎么去。你不仅仅清楚整个这条路线的走法，而且还记得路线周围的建筑物都有什么。可是这些因素，别人一无所知。这时你根据第一条准则，找到一个讲述的切入点，然后就开始组织语言。

如果这个切入点就是以道路的方位和距离来说，那么你就可以说：

"从这里一直往前走三百米，然后左拐，大概继续走五百米，看到一个十字路口，右拐一直走就到了。"

如果你觉得这个切入点不好，那就可以用道路两旁的建筑物来做指引，如：

"你从这条路一直往前走，就会看到邮政大厦，从邮政大厦的路口左拐继续走一段时间，看到一个十字路口，十字路口的右手边有一座电信大楼，朝着那里一直走就到了。"

所谓清晰地表达，就是你说的话要有一个具体化的形式。

好，到底有多好？快，到底有多快？大，到底有多大？

你跟别人说，新建的那个商场很大，别人也不知道这个商场到底有多大。但你把这个大具体化一些，说这个商场几乎有五个标准足球场那么大，从南门走到北门，都要十几分钟时间，那么别人就很明白了。

具体化的意思，就是做出的解释，给出更多容易理解的细节。而怎么解释才会给出更多有用的细节，就是如何组织语言表达的重要体现。而这一切，都要根据主题，围绕主题来筛选重要的信息，去除无用的信息。与主题无关的信息，就尽量删除，只说重点。

有了这个意识，接下来就是要准确地表达。

准确的意思，就是你想的意思和要表达出来的意思，并没有太多的差别。很多人想的是一回事，说的却是另一回事，说明他无法做到准确地表达。

想要做到准确表达，你就需要根据表达的需求，选取适合的表达模块来组织语言。

什么是表达模块？我们在日常生活当中，表达的模块不外乎三种：

（1）观点模块。

观点，就是你思想的载体。你的经历和学识，会对这个世界形成自己的看法。每个人都有自己看待事情的角度，于是每个人都形成各自的观点。观点的背后，都是主观感受和客观事实的总结。

如，你相信缘分吗？以前我不相信，现在我相信了。有时候你没有想过的很多事情，突然发生在你身上，会改变你所有的认知。今天我要不是遇到了她，我都不知道，原来这个世界居然有缘分这回事。

（2）故事模块。

根据时间、空间、人物，用顺序、倒叙和插叙等形式来讲述事情。只要你有过亲身经历，你就可以说得出来。故事模块一般是对事件的讲述或描述，很少夹杂观点，背后却都包含着某些观点。

例如，今天去游乐园，我遇到了一个女生。我们因为一次不小心的碰撞而跟对方扯上关系。简单几句聊天之后，我发现我们的性格、思想都很匹配。无形中，我对这个女生产生了好感。为了进一步了解对方，我拿到了她的联系方式，然后请她吃饭，她也很乐意地答应了。我们的故事就这样开始了。

（3）逻辑模块。

根据前因后果，用逻辑分析找出背后的现象。通常都有"因为……所以……""如果……就……""由于……因此……"等关联词，而且一次推理会不止用上一种组合。逻辑模块着重分析，从既定的事实当中推断出一个合理的结论。这也是发表观点、解释观点、印证观点的过程。

如，为什么这个女生愿意答应我请她吃饭呢？难道是个骗子吗？我想不是。在聊天过程当中，她一直给我一种害羞，却拼命去表现大方的感觉，偶尔她还会显露出一点清纯的尴尬。她身上的紧张，是那种涉世未深的可爱，而不是伪装出来的刻意。如果她是骗子，压根不会这样无措。所以，她愿意跟我吃饭，只能说，她被我的魅力吸引了。

最好的表达，当然是涵盖了这三种模块。不过除了演讲，在日常生活当中，你很难长篇大论一口气根据这三种模块说出这么多，大多数都是被分散到聊天里面。如：

朋友：看你嘴角含春那样，是不是遇到什么好事啦？

你：你相信缘分吗？

朋友：为什么这样问？

你：以前我不相信缘分，我现在相信了。有时候你没有想过的很多事情，突然发生在你身上，会改变你所有的认知。今天我要不是遇到这个女生，我都不知道，原来这个世界居然有缘分这回事。

朋友：遇到女生？你到底发生什么了？

你：今天去游乐园，我遇到了一个女生……（对照上文省略）我们的故事就这样开始了。

朋友：见鬼了！没想到这种狗屎运都给你撞着！不过她该不会是骗子吧！第一次见面，你说请她吃饭她就立刻答应？

你：你怎么能这么说她？我觉得她不是啊。因为在聊天过程当中，她一直给我一种害羞，却拼命去表现大方的感觉……（对照上文省略）所以，她愿意跟我吃饭，只能说，她被我的魅力吸引了。

无论是我们表达还是倾听别人表达，我们都一定要思考对方用的是哪个模块在表达。

如果对方只用观点模块说话，那么你就要像上文的"朋友"那样，抛出问题，问一问对方什么会得出这些观点，让对方举个具体例子，给出细节。

如果对方向你讲述一个故事，这时你就要总结这个故事到底是在表达什么样的观点；就算你不知道，也可以咨询对方故事背后的意义。

当然，你还要看看对方背后这个意义到底是通过什么逻辑分析而得出来的。你同意，还是不同意？然后你又给出自己的逻辑分析，向对方具体说明。最后就要根据分析的结果，给出你的建议，也就是观点。

在日常生活当中，没必要时时刻刻都做得这么烦琐，但当你需要表达思想，或者你想要了解对方表达的思想，这些做法就是一个不错的方式。

经常对照这些模块来练习说话，你的表达能力自然就会慢慢提高了。

润色你的表达

怎么表达才能让听众理解呢？

想要让听众真正理解你所说的话，上面这些技巧的运用，都必须经过你语言的润色和调整，然后才能够正式从你的嘴巴说出来。你还要根据对象的接受程度，而选取恰当的用词，再加上相应的情感，以此来让你的表达更容易被接受。

一般来说，你对表达的润色主要体现在三个方面：

（1）语句的选择。

（2）语句的补充。

（3）语句的修饰。

选取什么样的语句进行表达，你要结合对方的身份、教育程度以及场合。对谁可以说话随意一些，对谁说话一定要正式一点，这是最基本的常识，也是情商的体现。当你找到表达的切入点之后，你就要根据对象的身份、客观环境、情感亲疏变化和交谈时间的长短来选择表达句式。

而语句的补充，就是当你说完之后，意识到自己的话还不够具体完整，就要补充相关的资料，进一步去说明你的观点。这就是为什么当你说出一个笼统的观点之后，再给出一些具体的细节和例子去让别人更好地理解你的意思。这种表达，会让你的话变得清晰可辨，而不是模棱两可，给人不知所云的感觉。

最后是语句的修饰，指的就是你的初始表达起不到一个明显的效果，这时就需要你利用修辞手法，及时修饰你的表达方式，放大表达效果。例如你跟朋友说这辆新款法拉利跑车很快，0 到 100 公里只需 3.5 秒。这样的表达已经具体化了，但如果你想要加大表达效果，就可以使用修辞手法。如：

夸张：你坐在车上，车辆加速的推背感强到会压得你的身体有种裂开的感觉，太快了。

对比：在红绿灯处，我跟这辆跑车一起起步，绿灯一亮，我刚推挡踩油门，对方的尾灯已经看不见了。

比喻：这辆跑车快到我就好像坐在火箭上一样，完全没体验过这样的加速感。

这种润色的手法，并没有前后顺序之分，可以单独使用，也可以综合使用。

例如语句的补充，你可以给出数据做说明，也可以给出亲身经历做例证，而这些说明和例证，说不定也会用到修辞手法去修饰，而用哪一种修辞手法会更好地让听众理解，这就要对语句进行恰当的选择。

这一切，都根据你表达的需要来做出调整。不过，当你有意识地去锻炼自己，然后在日常生活当中能够自如运用这些技巧，那你的表达能力肯定会更上一层楼。

闲聊的时候会闲聊，表达的时候也知道怎么表达，这样的说话能力才全面而有用。

第六章

聊天的方法要正确，你才能成为说话高手

1. 不会聊天应该怎么做——三招让你立刻掌控谈话

很多人都害怕聊天，因为不知道怎么聊才能把话聊好。

其实聊天没有那么困难，只需要学会以下这三个技巧，你就能够懂得开启话题，掌控与他人的谈话了。

提问的技巧

学会提问很重要。有时我们跟别人交谈，那个交谈的对象不一定是我们完全熟悉的人；即便是朋友，倘若长久未见，他们也会经历许多我们无从得知的新鲜事。这时通过提问这种方式，就能了解到对方的近况和信息。

很多人觉得跟别人在一起时无话可说，那你试过主动去了解对方吗？了解对方就需要问问题。而且提问不但能让你了解到对方，还是对付冷场的一种很好的办法。只要你向对方抛出一些与他自身有关的问题，而他又不断去回答你，那么你们相处的气氛自然会变得和谐融洽，冷场的机会也就随之减少了。

但值得注意的是，提问可不是简简单单地随便问出几个问题就了事，需要用到一定的技巧，而这个技巧就是要因应实际情况来选取恰当的提问方式。这个提问方式有两种，一种是问封闭式问题，一种是问开放式问题。

所有非此即彼的问题，就是封闭式问题，大多只有两个回答给你选择。例如你喜欢我吗？你爱看电影吗？你认为这是对的吗？你觉得这样做好不好？甚至你家住在哪里，你做什么工作都是"封闭式问题"。类似的这些问题，你不是选择 A，就是选择 B，回答完就没有其他内容了，非常封闭。

这种问题，对于延长话题或者打破冷场所起到的作用少之又少。而且问多了，还会滋生对方不耐烦的情绪，毕竟给人感觉好像是警察审问犯人那样。千万不要这样做！而开放式问题，就能够让对方多谈自己的一些情况，而不至于一下子就没话说。

大凡需要你做出说明或解释的，就是开放式的问题。例如对于这件事你怎么看？平时你是怎么搭配衣服的？这个游戏好玩的地方在哪里？等等。

而"为什么"本身就是一个开放式的问题。你喜欢看电影吗？喜欢！为什么呢？这就要求别人说明或解释了。不过，"为什么"这三个字还是尽量少一点单独去使用，换成"为什么你觉得这部电影好看"这样会更好。如果每一次对话都要问个为什么，也会很容易让人产生厌烦情绪的。这一点要注意。

封闭式的问题，是为了了解对方价值观倾向；而开放式的问题，就是为了了解对方为什么会有这样的价值观倾向。只有把这两种提问方式交替运用，你才能对对方的为人想法有一个深入的认识，你们的对话也才不至于枯燥无聊。

搭话的技巧

有了提问作为谈话的铺垫，那么接下来，就需要你用到"搭话"的技巧了。

聊天是一个双向互动的过程，不能只是单方面进攻或者防守，对话从来都是有来有往。既然你向别人提出问题，别人回答了你，那么你也要给别人分享自己的信息作为交换。

这个分享信息，不一定是别人主动问你，也可以是你主动搭话提供。换句话说，在两人对话的过程中，对于某个话题你也一定要给出自己的看法或意见。你不能一直做那个发问者的角色，这很让人厌烦的，你也要适时做一做分享者的角色。这才是正确的交流方式。

所谓搭话，就是你要适时对别人回答说出自己的看法或故事，来延长对话的交谈时间，让交流更融洽。当然，这个谈论自己，绝对不能是向对方炫耀、显摆，而是以一种平和的姿态述说自己的事。

例如上面看电影的例子，当别人回答了你的封闭式问题说喜欢，这时你可以继续问一个开放式问题："你喜欢什么样的电影？"

完了后，你最好在这个间隙适当说出自己对此的感受。如果你也喜欢同样类型的电影，你可以应和回答。千万不要一开始就标榜自己看了许多电影，很厉害，大谈特谈。如果喜欢其他类型的电影，你也可以顺着这个话题说出来。总之，你们都是围绕着同一个话题谈话、讨论。

搭话意味着你是在跟别人分享你自己的想法。值得注意的是，如果是别人找你聊天，你的搭话只需谈论自己就足够了，甚至可以爱理不理，除非你对对方也感兴趣；可如果是你主动找别人聊天，那么你的搭话，在分享完自己的想法后，就需要将话题继续引到对方身上了，因为别人未必对你说的有太多兴趣。

那什么情况需要这么做呢？面对你喜欢的人，或者你想多了解一些对方的时候，你多一点谈论别人感兴趣的话题，别人自然会乐意讲述自己的事情，只要不过度追问某些切身的利益或者隐私，每个人都很愿意谈论自己。

搭话的作用，一是通过谈论自己，减少经常提问题引起的烦躁，让交流不至于陷入冷场；二是适当地谈一谈自己，能让对方稍微了解一下你。因为一直让别人谈自己的事，别人多多少少都会起戒心，而偶尔说一下自己的故事，别人看到你乐意分享自己，就会少了一些防备之心。

所以我才说，结合前面的提问方式，再适当地运用搭话来谈一谈自己，以此来建立互信的机制，然后再将话题引到对方身上，让对方多谈一下自己，不但能与对方建立更好的关系，而且你们的聊天也会变得很顺畅。

当然，无论是提问技巧抑或是搭话技巧，都不能生搬硬套，用词句式等方面一定要根据实际情况灵活变动。举个例子：

A：咦？看你手上一直捧着这本书，你是不是很喜欢看书呢？（封闭性问题）

B：还好啦！还好！

A：你这本书是属于哲学范畴的书，看来你对哲学这方面应该很感兴趣啊！（第二个封闭性问题，句式不再用"是不是"，免得过度重复引起烦躁）

B：一般啦！只是随便看看而已。（对方这时还比较拘谨）

A：那你平时主要喜欢看什么类型的书呢？（开放性问题）

B：其实也没什么特别喜欢看的书，觉得好的就买来看了。

A：那至少也是喜欢看书啊！不像我，一年都看不了几本书，时间不是浪费在手机上就是电视上，整个人都变得没什么深度了。所以我特别羡慕你们这些经常看书的人。我想你以前读书的成绩肯定很好了！（谈论自己，然后将话题引到对方身上）

B：也不是特别好啦，只不过从小养成了喜欢看书的习惯，一天不看的话，就会觉得浑身不舒服。

A：你都已经养成习惯了！我现在唯一养成的习惯，就是一拿起书本就打哈欠，唉！问题是，你目前的工作能让你有这么多时间看书吗？（谈论自己，然后提出一个封闭式问题）

B：有啊！下班之后或者休息日就有时间看啦！

A：老板不会叫你们加班啊？（封闭式问题，用反问形式）

B：我是做×××的，一般情况很少会加班。

A：原来如此。我这个做×××的就不行了，几乎每天加班，忙到连上厕所的时间都没了。要不是看在工资的分上，我才不会如此拼命。真羡慕你！（谈自己）

B：生活嘛，肯定不容易啦！（对你的话做出回应，进入沟通状态）

接下来，我相信大家可以继续融洽地聊下去了。基本的对话流程结构就是这样，至于怎么随机应变去做，怎么幽默搭话、热情搭话，就因人而异了。

讲述的技巧

通过搭话来谈论自己，需要你有一定的讲述能力。

不少人有疑问，有些人讲话很喜欢听，有些人讲话觉得很厌烦，这到底是什么原因呢？这就是讲述能力的体现。

我们跟别人沟通交流，不可能一直围绕着提问—搭话—提问—搭话这种模式聊天的，在此之外，讲述就是在搭话的基础上做进一步的扩充。那些谈话高手，同时也是讲故事的高手。他们将自己的所见所闻，用最吸引人的方式说出来，让人听得津津有味。

那这个吸引人的方式到底是什么呢？那就是你说的话要展示出相应的情绪！换句话说，你的情绪一定要黏附在你要说的话上。如果你要讲述开心的事，你黏附在话语上的情绪一定要愉悦、积极；如果你要讲述烦恼的事，你黏附在话语上的情绪一定要困惑、苦闷。

这有什么难度呢？我们不都是这样吗？正常来说当然是这样了，但是当我们讲故事的时候，我们并不是亲身处于那种境况当中，我们只是以一种旁观者的角色来叙说那件事，这时你的情绪是无法自然表现出来的，那么要求你讲述一件开心的事情时，你要讲出很开心的感觉，这就不是很容易了。

讲故事的高手，对于话语上的情绪转换，从来都是随意自如。他想表现出激动的状态，他就可以这样做；他想表现出伤心感觉，他也可以把话说得很伤感。试想一下，当你讲述一件灾难事件时，如果你讲述的情绪平静如水，谁听起来会感到惊心动魄呢？

我在之前的文章中说过，情绪会感染的。想让你的讲述更加吸引人，那在你的言语上添加一些情绪吧。好的演员就是个中高手，念台词永远是抑扬顿挫、充满情绪，从来不会单调无味、一条直线。

试着练习一下讲述恐怖的事情，通过你的肢体语言、神态语气，来表现出那种恐怖的状态，例如做出"目瞪口呆""惊慌失措"的样子，我相信听众肯定会听得很投入，被你的情绪一直带着走。

当然，讲述还需要一定的表达能力和知识储备。因为你无法自如地表达自己，或者生活单调乏味，脑海一片空白，我相信你也讲不出什么好的故事。

所以你就要提高自己的表达能力，多看书、多经历、多接触不同的事物是最好的方法。当你的人生经历丰富起来了，那么配合我上面这些技巧，你的聊天肯定会更加引人入胜，从而收获更多好处。

2. 跟别人聊天不知道聊什么
——快速寻找话题的能力

我们每个人都有机会遇到陌生人。

在某些场合，由于环境因素的影响，为了避免尴尬，我们不得不跟这些"陌生人"聊起来。这时，寻找话题这种能力的重要性，就凸显出来了。

我们与人交谈，不一定需要建立在彼此了解的基础下，也不需要性格相投或者层次相当。只要有共同语言，就能够跟对方产生思想交会，走到哪里，就聊到哪里。

所以这就要求我们在与人谈话的过程中，要善于寻找话题、发现话题、产生话题。一个好的话题，可以让彼此的交谈顺畅地进行下去。换言之，好话题是初步交谈的媒介，是深入详谈的基础，更是敞开心扉的开端。

而所谓"好的话题"，就是有一方熟悉，能够引领对方，或者双方都感兴趣，能够深入交谈，甚至有展开探讨空间的内容。

那我们怎么做才能找到这样的好话题呢？

选择对方感兴趣的话题

每个人心里都有一个"兴奋点"。当我们面对陌生人的时候，想要愉快地交谈，就要找到这个兴奋点，也就是对方可能感兴趣的地方。

大家都感兴趣的这类话题，一定是对方想谈、爱谈又能谈的。就算再沉默寡言的人，再不会表达的人，一旦触及这类话题，也能打开话匣子。

例如我朋友那个小外甥，性格比较内敛害羞，很少跟人聊天，但喜欢玩游戏，尤其是喜欢玩《GTA5》。所以每次我去朋友家，我都以此来跟他开启话题。

因为直接问他作业、成绩他可能不会回答，可当我跟他聊了一些游戏的内容，他兴奋起来，就可以转到我想聊的事情。我会问他："你玩这个游戏这么厉害，成绩岂不是很差了？"然后他自然就会向我表明自己的真实情况了。

另外，在话题的选择上，不同的场合，不同的人群，会有不同的技巧。与男性朋友聚会，可以围绕事业追求或者时事经济，甚至是科技发展等来找话题。谈工作，谈人生，当然也可以谈玩乐的节目。如果是女性朋友，那么聊情感，聊心情，聊化妆，聊护肤，聊购物，都能够触发对方的兴奋点。

在"鱼龙混杂"的群体里面，有时不容易辨别别人的情况，最保险的方法就是围绕兴趣爱好来展开话题。毕竟每个人都有自己喜欢的事情，即使一个再沉默寡言的人，只要谈起他喜欢的东西，也会变得滔滔不绝的。

所以，遇到这种情况，直接开口问对方平时喜欢做什么就行了。

记住，每个人都喜欢谈论自己的事，以此来满足自己做"主角"的心理。找到对方身上这个兴奋点，话题就来了。

因地制宜引入话题

根据现场情况，因地、因时、因人来引入相关的材料作为话题，可以让谈话变得更加自然。当然，话题还是以对方感兴趣的为主。

一般情况下，借助对方的姓名、年龄、籍贯、衣着配饰或者身处的环境来即兴开启话题，常常可以打开别人的话匣子。

这种做法的优点就是灵活自然、就地取材。当然，这也要求说话者思维敏捷、善于观察，能够根据外界的事物进行丰富的联想。

譬如以前唱 KTV，旁边坐着朋友的朋友，感觉一度有点不自在。后来听到他唱歌这么好听，我就以此为切入点，问他是不是经常来 KTV 唱歌，他说不是，只是偶尔来玩一下而已。然后我就继续围绕这个点跟对方聊，那我们的谈话就顺利进行下去了。

由浅入深的交谈，可以通过这种方式来找话题。例如参加活动坐到陌生人的邻座，不知道聊些什么，就可以根据对方的情况，抛出一些浅层的问题。如问他："请问你是来参加这个活动的吗？"

无论对方回答是还是不是，抑或是直接回答你"我是来采访的"，那你也可以顺着这个回答继续聊下去，继续问："采访？是不是采访×××？为什么要采访他呢？"

通过这种形式，可以由浅入深地进行长时间的交谈，聊得好，甚至还能越聊越尽兴。

通过媒介寻找共同语言

这种形式其实是上面一种方法的延伸，也是根据现场情况来寻找话题，但这个"现场情况"，是跟对方有关的。

换言之，寻找自己与陌生人之间的媒介物，以此来找出共同语言，就可以缩短双方的距离。比如，你坐动车，看到旁边的女生拿着一本书，这时你可以问："不好意思，请问一下你手中这本书是不是×××？因为我之前也看了书评，好像不太好，就没有买，不知道你看了觉得怎样呢？"

对别人的特长或者拥有的东西，表示出自己无恶意的看法，从而套近乎，那么交谈也会顺利进行下去。

当然，也不要见到什么就说什么，毕竟我们每个人对于其他人多多少少都有戒心。例如对方非常小心谨慎地拿着某些东西，不想让别人接触的感觉，那么这时最好就不要上前问东问西了。

否则既会让对方生厌，也容易给自己带来尴尬。不要哪壶不开提哪壶，懂得察言观色去发问，这样谈话才能按照自己的节奏进行。

如何消除对方的戒心

"查户口"式的谈话，是聊天当中最忌讳的事情。在这个基础上，一定要懂得察觉并避开对方的雷区。

所以你跟对方的聊天，千万不要一直用"查户口"的方式进行交流，要适

当去"表现自我",发表自己的意见,分享自己的故事,让对方充分了解你。如:

A:你现在毕业了吗?

B:对的。

A:我是前年毕业的,工作两年了,总觉得知识经验都常常不够用。你现在工作了吗?有没有这种感觉?

B:刚开始工作了,我慢慢也有这种感觉。

在 B 回答"对的"之后,A 没有立刻发问,而是先说一说自己的情况,让问题有一种缓冲,同时袒露自己的心声,让对方觉得你是真心聊天,这时再问第二个问题,对方回答的意愿就更高了。

除此之外,你的谈话,一定要尽早给对方一个合理的目的,最好在开始的时候就给出。

人的大脑往往会喜欢合理化我们的一些外在行为。在对方还不是非常熟悉你,而你又没有表明目的的情况下,你的行为动机,就得交由对方来猜测定断。而由于人天生就有自我防卫心理,所以对方一般都会把你的所作所为想象成心怀不轨,以此来提高警戒心。

为了让对方尽量放下戒心,你的谈话,一定要首先表明目的,而"因为",就是给出目的的最好句法。如上面"看书搭讪"那个例子,你直接问:"请问这本书好不好呢?"这种说法是不够的,对方压根不知道你突然这样问自己到底是为了什么。

但如果你在这句话后面加一个"因为",说"因为我之前在网上看了这本书的评价,普遍不太好,所以一直想买又不想买,现在看到你居然在看这本书,于是就问一下你觉得怎样"。当你表明你的目的,对方心里就知道,原来你的发问是这个原因,这时就自然慢慢放下戒心了。

所以,无论你搭讪也好,问路也好,还是想结识朋友,你一定要为你这个谈话给出一个理由,以此来合理化你的行为。否则,就算你聊了半个小时,对方还不知道你为了什么而上来聊天,转身可能就跟朋友说起这个人好怪,无缘无故来跟我说话。

跟异性搭讪，就算你不想表明你想认识对方这个目的，也要给出其他的目的，合理化你的说话举动，减轻对方的"胡思乱想"。

初次交谈注意事项：

（1）对于那种话少的人，要主动出击，寻找展开话题的机会。当然，也要看情况，注意观察对方的反应，因为有时积极主动很容易吓到别人。所以要察言观色，看准机会再说。另外，你说话之前，最好跟对方有过至少两次的视线接触，让对方知道你的存在，否则突然就跑上来聊天，印象不会太好。

（2）真诚是发展未来亲密关系的首要条件，初次见面时，你说话的态度和行为举止，一定要大方自然，不要拘谨猥琐，否则会留给别人太过主动和轻浮的印象。

（3）通常人们最关心的是自己的问题，只要问对问题，认真倾听，对方一定会善意回应我们，让我们有机会表达自己。一来一往进行互动，很容易就拉近两人的距离。切忌一上来就滔滔不绝地聊自己，很容易让对方反感的。

（4）通常萍水相逢，大家只是借助聊天驱赶无聊或尴尬，所以不要想太多，给自己穿太多的"盔甲"。放开心胸，在尊重他人的前提下，大胆聊天吧；如果你给出善意，对方依然反应冷漠、态度傲慢，那只是对方人品问题，跟你无关。

如何更好地展开话题

简单来说，我们根据聊天内容，有三种方式展开话题。

（1）扩大话题（向上归类）。

（2）深挖话题（向下归类）。

（3）引入类似话题（横向归类）。

同一句话，三种方式的运用也会带来不同的结果。如"我觉得谈恋爱真的非常累人"，你如果简单回应"是的，的确累人"，那么话题就终结了。但通过这三种回应方式的加持，会变成怎样呢？

向上归类，扩大话题，把话题拉到一个更大的范围来说："何止谈恋爱累人？

生活在这个世界上，做什么事都累人。说句话都要看人脸色，做得对做得错都是自己的责任，别人只顾可以挣钱，我们呢？你说，还有什么不累人的吗？"

向下归类，深挖话题，把话题深入进行讨论："恋爱的确很累人，认真付出真心，到头来对方转身就跟另一个人走了。有时候，我真的不想浪费时间去谈恋爱。没钱谈不起，有钱谈不成，倒不如一个人生活。"

横向归类，引入类似话题，把相同的事例拿出来分享："谈恋爱是累人，工作又何尝不是呢？你失恋被别人抛弃，我努力工作，老板还是看不起我。"

这些法则是针对话题扩展内容的，现实生活不一定分得这么清晰，有时候混合使用也可以。只不过掌握这些法则，在我们不知道该如何聊下去的时候，就可以更好地帮助我们发表自己的见解。

毕竟就如我前面所说的那样，不能一直发问，还要适时发表一下自己的意见。而运用这些法则，就能够让我们根据话题来扩展出更多的聊天内容。

3. 觉得自己聊天没啥意思
——从笑话当中学会聊天的方法

很多幽默笑话，都包含了聊天的应对技巧。如果我们懂得思考每个笑话背后所用到的说话技巧，我们就不用怕尬聊或者冷场了。

先看这一则笑话：

"你好，请问距离警察局最近的路怎么走？"一个行人停步问路人。

路人答道："很简单。你用石头把对面商店的橱窗给砸烂，十分钟后你就到了。"

不管这个笑话好不好笑，先想一想，这个笑话预定的笑点是在哪里？当你找到这个笑点，你以后就会有意识地捕捉笑点来开玩笑了。

答案是不是路人没有按照正常的逻辑思维来回答行人的问话呢？

行人想的是以正常的方式到达警察局，而路人的回答，则是以不正常的方式到达警察局。这样一个思维错位，就是产生笑点的地方。

应用到现实生活当中，你跟异性开玩笑说："你知道通往幸福的门叫什么门吗？"对方按照正常的逻辑去思考肯定不知道，或者随便给出几个答案，这时你回答："叫我们。"对方想必措手不及。

有时候幽默的聊天，不一定按照逻辑思维去进行，适时跳脱出来，就可以起到活跃气氛的效果。

所以，当有人问你一些无关痛痒的问题，或者一些你不太想回答的问题，这时没必要认真地去逻辑思考，用这种幽默的方式去回答就可以了。

好比有女生问你，怎么才能让自己变得受欢迎？这种问题一时三刻根本聊不到什么，你正经回答，说多少都是没什么用，别人只是随口问问。

这时你就可以调皮地回答说："如果你能够请我吃晚饭，你的就成功踏出第一步了。"

正所谓"曲径通幽"嘛，不用太较真。

再来看这一则笑话：

"我站在小丽的窗下对她唱情歌，她扔给我一枝花。"

"那你头上的伤是怎么回事？"

"她忘记把花从花盆里拿出来了。"

这个笑话的笑点又在哪里呢？

是不是把一件不好的事情，当成是好的事情那样去说，让我们的思维一时之间拐不过弯来了？

这个笑话里面表达了一种豁达的态度，这种态度就是我们应对世事时的一种乐观态度。如果不是持有这种态度，那么这个笑话可能就不是这个样子，变成很正经地诉苦了。

同样一件事，心理态度的不同，对话的效果也不同。

例如，朋友 A 跟朋友 B 说，他今天跟女神表白，被拒绝了，心情很失落。换成幽默的表达方式就是这样：

A：我今天跟女神表白了。

B：结果怎么样？

A：她高兴坏了。

B：你表白成功了？

A：不是！她是很高兴，终于有机会正式拒绝我的追求了。

这种把自己的伤口拿出来幽默的心胸，我相信不是每个人都能够做到。

当然，我也不会鼓吹为了幽默，而硬要自己做到这种程度。只是有时候，稍微调整一下自己的苦瓜脸，转换一下看问题的角度，思考的时候不要钻牛角尖，懂得自我嘲笑，可以锻炼自己的心胸的。

毕竟很多时候我们以为严重的事，在时间的长河里，会慢慢变得微不足道的。

所以应用到日常生活，我们与人的交流对话，就真的没必要事事这么计较，可以适当调侃一下自己，把一些缺点露出来给别人看。

演员 A 说："我初次登台，观众就送给我许多鲜花，我让妻子开了个花店。"

演员 B 说："这没什么了不起，我初次登台，观众就送了我一座房子。"

演员 A："真的吗？"

演员 B："真的！我表演的时候，他们给我扔过来的石头，足够造一座房子了。"

这个故事，笑点又在哪里呢？很明显是"夸大其词"了。

当然事情不是真的如演员 B 描述中那样发生，但如果演员 B 意识到自己的表演不是很好，想自嘲一下，就可以幻想出这样一幕，来调侃自己。

也就是说，他这么说，只是一种夸张效果而已，并不是观众真的给他扔石头。在现实生活中，我们可以适当夸张一下，来突出某些思想。

你肚子饿，然后朋友就邀请你去吃饭，这时你可以打趣地说："等你说这句话我已经等了五百多年了，还不赶快去吃！"

突然跟久未相见的朋友碰到，你可以这样说："哇！我们这次见面，有没有隔一个世纪？"

其实只要心态放开了，思维就会随之得到自由。不要限制自己处理事情的可能性，太死板就不好。当然了，物极必反。经常夸张说话，会让你觉得这个人喜欢夸大其词，所以这个度要掌握好，懂得根据环境适当调侃。

再来看这一则笑话：

一男一女吵架。

男的骂道："你说的话就像个白痴！"

女的答道："是吗？那我们就有共同语言了。"

这个应对方式，是不是就是"以其人之道还治其人之身"呢？

从这一则笑话当中，我们可以学到反击的语言技巧。

很多幽默故事，都有这个反击的语言技巧，用对方的逻辑来对付对方。正所谓以其人之道，还治其人之身。

这个技巧，如果应用到日常生活当中，我们就不用担心自己被别人"怼"了，因为我们也可以如法炮制去"怼"别人。如：

妻子：昨晚我做了一个梦，梦见你给了我一千元去买衣服。你肯定会成全我的梦吧？

丈夫：当然了。昨晚我也做了一个梦，我就是这样给你一千元去买衣服。

除此之外，很多幽默笑话，都不会直接反驳别人，会采取暗示的方式。如：

一次晚会上，一个旅行家对德国诗人海涅（犹太人）说："我发现了一个小岛，岛上竟然没有犹太人和驴子。"

海涅镇定地说："看来，只有我和你一起去那个岛上，才能弥补这个错误。"

这样的反击，暗示了那个旅行家就是驴子。

所以在语言技巧的使用上，暗示也是一种很有用的方法。

例如你去朋友家，朋友一显身手，化身厨师做饭吃，但没想到每一道菜盐的分量都放多了，这时你可以调皮地暗示："果然是好厨艺，看似平常普通的饭菜，我居然在里面吃出了一吨盐的分量。"

我相信朋友肯定明白你说的意思，这样说比直接指出盐放得太多，会更好地保护对方的自尊心，毕竟这样说会营造有趣的氛围，减轻了直接批判的心理压力。

笑话，是语言技巧提炼结合后的总成。如果想提高自己的说话口才，多看笑话，会给予我们很大帮助的。

如果大家都懂得每看一个笑话，都做到像我这样去分析，直到在脑海里形成习惯意识后，敢于应用在日常生活当中，那么大家的语言表达能力肯定会越来越好。

4. 怎么发挥谈话中的幽默感
——六招现学现用的幽默技巧

在生活当中，那些说话有趣的人，总能第一时间吸引到别人的注意力，成为一群人当中的焦点。同时我们也很痛恨，为什么自己只能待在角落里，被众人的笑声淹没呢？

幽默能不能学习呢？答案是，可以的。

接下来介绍的这六招幽默技法，只要你掌握之后，你就可以根据对象和环境应用出来，幽大家一默了。

当然，这种有趣只是技巧上的有趣，跟那些天生就有这种天赋的人还相差甚远，不过用来应付日常生活当中的人际交往也绰绰有余了。

那要怎么做呢？

心态建设

想要把天聊得风生水起、兴致盎然，你的心态首先得放松。

千万不要把谈话气氛弄得好像要去送葬那样。平时生活与人相处没必要绷着脸示人，不要过于严肃。

所以我们要学会乐观的心态。对世事要秉持着一种爱理不理的态度，反正没有涉及我们自身的利益，又无损他人，想怎么玩就怎么玩。

放开心胸，不怕丢脸。轻松自在，娱人娱己。

知识储备

有趣的人，从来都不是只会耍嘴皮子。在耍嘴皮子的背后，还需要有大量知识的积累。

毕竟丰富的知识，让你面对不同话题的时候，都能够应对自如，随时都能从中挖掘出有趣的成分，然后幽他一默。

一个不学无术的人，就算想搭话聊天也不知道从何入手，更不用说想要聊得有趣了。

在专业知识的基础上，尽量多看一些不同种类的杂书，养成博览群书的习惯，有趣自然就手到拿来了。

思维方式

如果说心态就是一座大厦的基石，那么知识储备就是大厦的材料，而思维方式，则是大厦与众不同的外观。

有趣的人，思维方式必定与众不同，能够在各种平常的事理中抽取出不寻常的部分。

思维呆板迟滞的人，是无法敏锐地捕捉到有趣的材料，然后加以运用的。

所以培养自己的幽默思维，是一件很重要的事情。至于怎么培养，我在书里的第四章已经提到这个方法，不再赘述。

幽默招数

第一招，懂得自嘲。

记住一句话，善于自我解嘲的人最有福气。

什么意思？善于自嘲的人，自尊心既不会过高，也不会过低，保持着一种相对平和的姿态与人相处。

大凡有什么冲突，一句自嘲的玩笑话就统统消除了。

有次我跟我朋友逛超市，推着手推车，也许沉浸在选购物品的喜悦之中，朋友不小心让手推车碰到了旁边的一个男生身上。

男生一脸无辜，没想到我朋友却首先对他说："不好意思，女司机开车出来祸害人间了！"

朋友的开车技术当然很好，但这样一说，既让对方没有生气的理由，也给了自己一个台阶下。这就是自嘲的作用，在其背后支撑着的，就是娱人娱己的心态。

值得注意的是，千万不要把自嘲说成了自贬。

如何区分二者？自嘲是没有用到任何贬义词的，只会把一些不好的事，用坦然的态度说出来，不抱怨，不埋怨。

第二招，曲解意思。

顾名思义，曲解就是不从正面去理解事情，故意从另外一些意想不到、非常规的侧面去理解，给人感觉似是而非、牛头不对马嘴。

最常见的方法就是望文生义、望字生义。很多笑话，都是由此而来。

这也是把话说得有趣的最常用一招。

有次我跟一个男生出去吃饭，途中看到一个开着奔驰的女子，因为泊车问题跟保安人员发生争执，态度很不好。

我愤愤不平地说："这个女人好凶哦！"

我的朋友却一脸鄙视地回答我："我仔细看了看，她的胸一点都不好！"

我顿时笑了出来。

只要你的思维不呆板，就能随时发散思维地曲解每件事，拿来做笑料。

第三招，运用谐音

中国的文字博大精深，很多一字多音或是一音多字情况，善于运用谐音来制造有趣，基本上是手到拿来的方法。

有一次跟闺密吃饭，她男朋友也在，我们大家一起聊天。由于我和闺密男朋友是第一次见面，我表现得有点拘谨。

然后大家就聊到我和闺密是怎么相识的。我就随口答道，可能我们比较投缘吧！

没想到闺密男朋友表情惊讶地跟我说："真的吗？那你看我的头圆不圆？适合做朋友不？"

一下子，尴尬的气氛就这样被打破了。

想要把这种方法运用得好，你对文字的敏感度还是要有的。平常生活中多转动脑筋，思考每个词语的同义同音的部分，就能形成习惯性敏感了。

第四招，声东击西。

声东击西是什么意思？当然不能从成语的层面去解释。

可以把它理解成一种思维的转换。就是明明指的是东，最后揭露出来的却是西。有点类似相声的"抖包袱"。

上一句是包袱，下一句就是跟你所想截然不同的意外结果。先铺垫一大段，最后揭示结果的时候，却跟铺垫的完全没有关系。

有一个段子：

一个女生问男生平时都做什么事。

男生说："平时都是上班下班，看书看电影，打打游戏，做做运动这样，其他时间就想一想你。"

女生惊喜地问："真的吗？"

男生说："是的，不过我一般都没有其他时间。"

这招最大的技巧就是，前半部是转移别人的思维，给别人设陷阱，制造悬念，把他们的注意力转到你故意制造的地方，后半部就是给出一个他们意想不到的答案。这样一个不协调的对比，自然就搞笑了。

第五招，故意夸张。

大凡把一些普通平常的东西，故意夸大来说，就会起到搞笑的效果。

老婆出轨，把男方说成戴绿帽很普通，但说成绿巨人就是夸张了。

有个女性朋友，明明长相漂亮，但每次见到她却总嚷着跟我说自己的嘴巴很大，弄得自己很不好看。有次大家一起吃东西，她又提起了自己这个"缺点"。

我受不了她这么不知足，就冷冷地说："是的，的确很大。你的嘴巴都大得可以鲸吞一条鲨鱼了！"最后换来了对方的一记粉拳。

明明是小事，却说得好像遇到世界末日一样，就会引人发笑。

第六招，善于联想。

我所说的联想，当然不是一个品牌，而是指由当前的一个事物，想到了另外一个与之有关的事物。

吴宗宪的联想能力，是首屈一指的。

有次宪哥问一个嘉宾："听说你试过同时有七个人追你啊？"

嘉宾说："对啊！"

宪哥说："你知道我有什么感想吗？"

嘉宾问："什么？"

宪哥给出答案："这是白雪公主和七个小矮人的悲惨故事！"

记得有次出外聚会，我一个朋友感慨以前大学的时候自己怎么怎么受欢迎，多少男生追求，没想到毕业后就少了很多人追求。

我另一个朋友就安慰道："也许他们觉得股市行情不好，都纷纷撤资了！"

这就是联想了。

通过一件事，联系起另外一件类似或相关的事，产生对比的诙谐，就会产生笑料。这就要求我们积累丰富的知识，只有这样，才能够想起别人想不到的事物。

除了这六招，是不是就没有其他让自己变得有趣的方式呢？

当然不是。

这六个技巧只是更容易学习和应用，能够让我们现学现卖，只要稍加练习，就可以即时运用到生活当中。但并不代表它们就是有趣的全部。

正所谓，有趣的最高境界，就是无招胜有招。

很多有趣的人，一句普通的话都能说得让人捧腹大笑，这就是内在的功力。这里面涉及语调、语气、表情、肢体语言等方面。

这些不是一两天就能够做得到的。如果有心想提高自己有趣的能力，还是要靠自己去深造。

毕竟我只是在抛砖引玉，修行还是在于个人。

5. 遇到刁难该如何反击
——学会这样应对就能全身而退

在口才的应变能力当中，能够根据别人的挑衅而做出恰到好处的反驳，是一种高级的说话能力。

这种能力，并不是每个人都能够做到。就算你私底下可以破口大骂，但当你置身于公众场合时，说不定你会惊讶得脑子一片空白了。

所以，一定要培养出自己这种面对刁难的反应能力。无论你遇到什么突发事情，你都能够镇定自如地做出反应，包括面对别人的挑衅。

以下这五招，就是比较常用，且容易学会的反击技巧。

（1）针锋相对，以谬制谬。

生活中，我们难免会遇到受气的情况。

面对那些得理不让人的人，你越是忍耐，给他留面子，他就越是得寸进尺，不会领情。对于这种人，只能采取积极反击的措施。

当然，我所说的"针锋相对"反击，并不是指着对方鼻子骂这种低素质的做法，这只是在迫不得已的情况下的反击选择而已。

一般情况下，最好的反击当然就是抓住对方的逻辑漏洞，心平气和、气定神闲地显示出你的反驳，让对方无地自容。这样做的好处，不但能够给对方智力上的打击，而且在素质上，还会高人一筹。

其中最常见的反击方式，就是"以谬制谬"，就是运用与对方平行的逻辑推理，达到否定对方的目的，让对方有口难言。

这种方法的特点就是，将对方说话中不合理的地方揪出来，然后从这个地方进行推导，从而推导出一个更不合理的地方，放大其错误，最终以此来否定对方的论题。

在日常生活中，这种反击方法是非常有用的。再举一个例子：

英国作家萧伯纳身材瘦长，在某次晚宴上，一个肥胖的富翁嘲笑他："萧伯纳先生，一看到你，我就知道世界正在闹饥荒了！"

萧伯纳就反击："先生，我一见到你，我就知道世界正在闹饥荒的原因了！"

这就是运用对方的逻辑，推导出反驳对方的言谈。

（2）类比推理，万用反击。

类比推理，跟归谬法很相似。不同的是，归谬法是抓住对方逻辑中荒谬之处，然后以此反击。而类比推理，就是用类似的例子，去反击对方。

一个吝啬的老板让仆人去买酒，却没有给他钱，仆人问："先生，没有钱怎么买酒？"

老板说："用钱去买酒，这事谁都能办到；如果不花钱买酒，那才是有能耐的人。"

仆人无可奈何，只好照做，不过却是提着空瓶子回来。老板十分恼火，责骂他："你让我喝什么？"

仆人就这样答道："从有酒的瓶子里喝酒，这事谁都能办到；但如果从空瓶子里喝到酒，才是有能耐的人。"

这就是类比推理的反击。这个推理，是从老板的逻辑体系里推导出来的，只不过仆人仿照了老板的推理格式，制造出另一个类似的例子来。

也就是说，类比是针对对方存在的问题，采取与之相似或相对的事物进行同一推理，来揭示对方的荒谬之处。

乍看之下，归谬法跟类比推理好像是一样的。其实，如果我们分辨不出当中的细微之处时，把它们当成是同一种方法去使用，会运用得更得心应手。

但是，归谬法的应用范围会更广泛一些。例如，胖人都是一种笨手笨脚的大肥猪。对于这个论题，类比推理反驳就是：瘦人就是一种手长脚长的小猴子。

而归谬法反驳就是：你说得对，洪金宝就是好例子，他笨拙得连拍功夫片都没人看。很明显，这个结果，我们都知道很荒谬。

（3）幽默应对，调皮诙谐。

幽默这种反击技巧，可以说是最和谐的反击方法。因为它可以让矛盾的气氛消减，让事态朝着良好的方向发展。

很多时候，我们反驳别人不一定要上纲上线。好比情侣之间的拌嘴，如果你太认真，你的感情就真的输了。

例如两口子吵架，老婆委屈地说："经常这样吵吵闹闹，这个家我真的待不下去了！"

这时老公意识到自己的不当之处，灵机一动，说道："你说得对，这个家我也待不下去了。来，我们就一起离开这里！"然后就拉起老婆的手，一起打开家门往外走。老婆看到老公这样做，当然会心一笑了。

再举一个例子：

一个女生在街上走路，由于人多闪避的关系，迎面走来一个小伙子，居然踩了她的脚。于是女生就生气地骂道："喂，你是怎么走路的？你的眼睛呢？"

小伙子歉疚地说道："不好意思，踩到了你。其实一般来说，我是用脚走路的，并不是如你所说的那样，用眼睛。"

这种回答，不是更能化解矛盾吗？

运用幽默，既能达到反驳对方观点的目的，又能产生和谐、友好、轻松、愉快的气氛。

至于怎么运用幽默，其实我上一篇文章已经说了。首先你的联想能力一定要强，能够打破逻辑思维的限制，通过曲解、夸张、比喻等方式，说出自己的观点。

所以，经常刻意让自己运用这样的思维方式看待世界，遇事不要太认真，放开心态，用一种玩乐的态度面对问题，你的回应就会慢慢有幽默的味道了。

（4）曲解语义，把握主动。

有意违反常规的理解，临时赋予一个词语或句子原来不曾有的新义，就能够反击对方。

例如有这样一个故事：

威尔逊任职新泽西州州长时，他接到来自华盛顿的电话，说新泽西州的一位议员刚刚去世。于是威尔逊就取消当天的一切约会，准备处理这位议员的后事。

这时，一个政治家给威尔逊打电话自荐说，他有能力可以替代那位议员的位置。威尔逊对于这个政治家迫不及待上位的态度感到很恶心，于是就答道："好的，如果殡仪馆没问题的话，我个人完全同意你的自荐。"

这就是曲解的反驳。

曲解语义可以分为曲解词义和句义。例如，俄国大诗人普希金年轻时，有一次在彼得堡参加一个公爵的家庭舞会。他邀请一个小姐跳舞，这个小姐傲慢地说："我不能跟小孩子一起跳舞的。"

被拒绝的普希金只好笑着回答："对不起，我亲爱的小姐，我不知道你正怀着孩子。"

"不能跟小孩子跳舞"中的孩子，很明显是指普希金，但普希金却把这个词曲解成那个小姐肚子中的孩子，于是最终产生了反驳的效果。

曲解的关键之点，就是你要懂得识别词语或句子表达的多样性，不要只着眼于表面上的意思，还要想到它们背后的意思，也就是说，你至少懂得"一词多义"这个语文特性。

例如朋友跟你说："时间不早了，那我先走了。"听到朋友这么说，你意识到"走"这个字可以引申出其他的意思，其中包括"离开世界"的意思。于是你就开玩笑对朋友说："那你一路走好，安心上路，我们会怀念你的！"

这样的回答，就是曲解的应用了。

培养自己思维的发散性，能够更好地让你掌握这种技巧。

（5）弦外之音，只可意会。

隐含地表达思想的方法，就是一种暗示性的说话技巧，让听众自己悟出你的言外之意。

在论辩中，运用这种技巧，能够委婉地说出你的意见，含蓄地指出别人的缺点，比起挑明去说，既能够保护别人面子，也能够缓和彼此的矛盾冲突。

例如一个教师与一个工人产生矛盾。这个教师破口大骂，言辞不堪入耳。

但这个工人没有直接回击，也没有说一些骂人的道理，只是轻轻地说了一句："果然是大学教师啊，连脏话粗话都能够说得这么流利！"

这个工人的言外之意，明显就是讽刺这个教师了。毕竟教师是有知识有修养的人，对方这样做，分明有失身份。

再如，罗西尼是19世纪著名的意大利作曲家。一次一个不知名的作曲家带了一份七拼八凑的乐曲手稿去请教他。在演奏过程中，罗西尼忍不住地脱帽子。见此，作曲家奇怪地问道："先生，是不是屋子太热了？"

罗西尼回答道："不，我遇到熟人，一般都有脱帽子致礼的习惯，在阁下的曲子里，我碰到这么多熟人，我不得不连连脱帽子。"

听到罗西尼这么说，谁都知道他的言外之意是什么了。

在日常生活中，有些话我们不方便明说的时候，运用隐含暗示法，就能够指出对方做事的不当之处。这是一种很好的辩驳方法，不但能够避其锋芒，还能让对方无可奈何，想反驳你也找不到入口处。

除了这五种方法，其实还有很多反击对方的技巧。只不过这五种是最常用、最容易学习的，值得我们好好掌握。

学会这些基本的反驳技巧，足以让我们应对生活中大部分的难题了。如果你觉得不够用的话，那么我这篇文章，也算是启发你进一步学习的指引吧！

当然，掌握技巧，永远都离不开你的练习。

6. 谈话时常感到尴尬无聊
——教你营造轻松的聊天氛围

什么是良好的聊天氛围呢？

有一些人，你跟他们聊天，你会觉得非常难受，如坐针毡一样，大家不是沉默得尴尬，就是聊天氛围很僵。

相反，另外一些人，你跟他们聊天会发现，聊天居然可以这么畅快，就好像遇到知己一样。自己明明并没有聊天的欲望，而且心里还有一点感到紧张和不习惯，可是跟他们聊着聊着，你就突然打开了话匣子，非常乐意继续跟他们天南地北地聊下去。

这种人，为什么会有这样的魔力呢？

原因就在于，他们懂得营造一个良好的聊天氛围，让你觉得跟他们聊天不会有任何难受的感觉。

首先我们来定义一下，良好的聊天氛围，是什么样子的。大概有四个特征：

第一，态度轻松自然。

你跟别人聊天，不管是陌生人，还是朋友之间，你能不能做到轻松自在呢？

想要营造良好的聊天氛围，首先自己一定要从内到外散发出轻松自然的姿态。你不能跟别人聊天的时候，好像去上坟拜祭这样表情凝重吧。

所谓轻松自然，就是你没有感到任何压力。你所有的聊天，都是在一个很自然、很放松的情况下进行的。如果你跟一个人聊天，会有一种喘不过气来的感觉，我相信这种聊天肯定会让你感到非常难受！

请记住这一点，情绪是很容易感染的。想一想，你参加丧礼和参加婚礼，你会感受到什么样的氛围？本来情绪普普通通，可是当你身处这种环境之下，你就自然而然地被其中的气氛感染了。

同样，当你跟别人聊天的时候，你没有办法做到放松、做到自然，反而是带着一种紧张、一种手足无措的情绪跟别人相处，那么对方也会很容易受到你情绪的感染，也一块儿紧张尴尬起来了，这对于营造良好的聊天氛围，并不是一件好的事情。

所以想要营造一个良好的聊天氛围，你首先要让自己放松下来，表现出轻松自然的感觉。

当然，也许你会说："我很想放松下来啊，可就是没有办法做到，我能怎么样呢？"

一般来说，在一个环境里，如果你表现得很拘谨的话，主要的原因有两个：

（1）你没有获得足够的安全感。

（2）你思想有太多的自我限制。

对于第一点，我相信很容易理解了。你在一个陌生的环境，或者面对一些陌生的人，因为你对他们并不是十分了解，也不知道可以说什么，不能说什么，可以做什么，不能做什么，不了解环境中人和事的运作规则，所以你就缺乏足够的安全感，从而表现得小心谨慎，不敢随便做出一些不符合当下标准的言谈举止。

这是非常正常的事情，不正常的就是，你没有主动去获得这种安全感。什么意思呢？

很多人身处一个陌生的环境，通常都是默默坐在一个角落里面，不让别人发现自己，也不喜欢别人发现自己，就静静地坐在那里。这样子，怎么能够主动去熟悉身边的一切呢？你不熟悉的话，你对这些环境就不了解；不了解，你的心里就没底；心里没底，肯定就无法获得安全感了。

为了让自己尽快获得安全感，你一定要让自己有一个尽快融入这个环境的意识，跟周围的人形成互动关系，打打招呼，寒暄一下，熟悉起来。这是一个主动的反应措施，不是被动地等待别人给予你安全感。

而很多人之所以不敢主动地在一个陌生的环境里建立关系，就是因为他们给自己的思想设下太多的自我限制，总觉得这样做不好，那么说话不行，用很多的条条框框限制自己，这也是导致你表现拘谨和紧张的一个原因。

但为什么你的思想会有这么多限制呢？其实这跟每个人的成长经历有关！

有些朋友，在成长的过程中，经常被父母教育哪些事应该做，哪些事不应该做，这样是对的，那样是错的，从而养成了小心谨慎，害怕犯错的性格。所以当他们身处一个陌生的环境，他们都会很害怕自己的言谈举止不符合当下的要求；由于不确定自己的言谈举止好不好，他们宁愿沉默寡言，什么都不敢去做。

我们只不过是平凡人，不可能一直不犯错的。当我们犯错的时候，敢于道歉承担责任就好了。如果我们一直要求自己一定用一个完美的形象示人，担心自己表现得不好，引起别人的嘲笑，那你肯定就会表现得战战兢兢，什么都不敢尝试，对什么都放不开。

所以，调整自己的思想，让自己放松下来，允许自己犯错。只要你的行为没有对别人造成伤害，或者没有伤害到别人的自尊心，那适当地开开玩笑，主动跟别人交流，不要过分在乎别人的评价，那么你就可以很放松很自然地做自己了。

在这种前提之下，你才有条件营造出良好的聊天氛围。

第二，谈话有趣好玩。

有了这样一种心态调整之后，接下来第二步，就是跟别人开口聊天！

那怎么聊呢？

聊天分很多种，有正式工作上的聊天，也有生活上的随意聊天。对于工作上的聊天，像跟客户老板甚至社会地位高的人交流，那么我们当然不能太儿戏，应该严肃对待。

我要说的那种聊天情况，是指你进入一个新环境，怎么跟那些陌生的对象快速建立联系，比方说认识新的朋友、新的同事，或者你喜欢的对象等，都是属于这种情况，那这时候的聊天，你就不能太正经了，否则很难跟对方建立起更进一步的关系。

你和喜欢的人出来约会，整个过程都一言不发，板着脸，或者说话单调乏味，你认为，你会留给对方一个好的感觉吗？肯定不会！外表只是入门券，入门之后，你能不能继续散发自己的魅力，怎么聊天就很重要。

这个时候，在放松自己的前提下，你就要让你的谈话变得有趣好玩起来。而有趣好玩的谈话，才可以营造良好的聊天氛围。那这个谈话是什么样子呢？举个例子：

你跟朋友去看电影，见面的时候，你看到朋友穿了很多衣服，穿得很厚。这时候你对朋友说："哇，你干吗穿这么多衣服啊？你不热吗？"

你觉得这种说法有趣吗？就是普普通通的回应啊，没有什么有趣不有趣。

但是，你换另一种说法，跟朋友说："哇，你打算要去北极旅游吗？干吗穿这么多衣服呢？"

你朋友听到你这样说之后，立刻回应你："别乱说，我怎么会是要去北极旅游呢？我是去南极！"

这样一来一往的聊天，是不是给人一种更有意思的感觉呢？营造良好的聊天氛围，不一定是说一些让别人笑的话语，而是你的言谈举止，不死板，不严肃，很放松的感觉，可以随便开玩笑，吐槽对方的小缺点。

想要做到这一点，你的思维一定要活跃起来，用平常说话习惯以外的方式来聊天。简单来说，想要做到不死板，就是你的说话思维一定要敢于打破常规，不要用那种固有的思维方式去聊天，例如用一些夸张、铺垫、讽刺、比喻、双关等修辞手法来润色你的话语。

比如说，朋友问你："你刚才去哪里这么久？"你回答说："上厕所啊。"这就是你平常固有的思维方式。

但朋友问你："你刚才去哪里这么久？"你回答说："不好意思，刚才我跟厕所进行了一个亲密的接触，彼此有点难舍难分！"

这样的聊天方式超出常规思维，也可以让对话好玩起来。

另外，好玩有趣的前提，就是你的语气，一定要充满感情、充满变化。

还记得我前面所说的吗？情绪会互相感染的。而语气，就是传递情绪的其中一种渠道。你的语气热情欢快，你传递出来的情绪自然热情欢快；你的语气沉闷乏味，你传递出来的情绪自然也会沉闷乏味。

所以好玩有趣，不仅仅是语言的表达上，有时候语气的传递上，也能够营造出这样的聊天氛围。

我知道日常生活中这样做很困难，可是我们一定要抓住机会去用一些好玩的言行来调剂一下平常的聊天。

那怎么积累这些好玩的语言呢？多看笑话，多看段子，甚至多看综艺节目，做个有心人，经常刻意锻炼自己，你就能够形成自己的表达，在日常生活当中自然地运用出来。

当你能够做到放松自己，你才能够有足够的脑容量去打破常规思维聊天，再借助自己热情的语气，那由此营造出来的聊天气氛，肯定给别人和谐有趣的感觉啦。

当然，也许你会觉得，朋友之间可以这么开玩笑，但对于新认识的人，或者关系不是那么近的人，可不能随便说玩笑话吧！

没错，这就是我要说的第三点，就是你的言语一定要张弛有度。

第三，言语张弛有度。

张，就是紧张、绷紧的意思，用在语言上，就是说话认真、正经、礼貌；而弛，就是放松、随意的感觉，用在语言上，就是调动你的创意思维，说话做到有趣好玩。

而语言的张弛有度，就是你该正经礼貌的时候，一定要做到正经礼貌；在可以开玩笑的时候，你也能够玩得起来。

什么是该正经的时候？第一次跟别人见面，一些礼节上的问候，你肯定要做到。你不可能一来就说："yo man, what's up man, how you doing man, give me five."这个时候，你的语言就要做到"张"，表现出应有的礼貌，简简单单说："你好，我是×××，很高兴认识你，谢谢！"这是非常正常的礼节性行为。

好了，当你表现出应该有的"张"，那么接下来就要加插一些"弛"的表现。别人回应你说："哦，原来你就是那个叫牛奶的人。"然后你说："对啊，我就是那个叫牛奶的人。如果你喜欢的话，可以多喝点，绝对没有三聚氰胺的！"

这就是语言上"弛"的表现，适当跳出你固有的语言思维模式，开开玩笑，语气轻松、自然、随意。

这也说明了，语言上的张弛有度，就是你对别人一定要有该有的礼貌和尊重，就算是开玩笑，也是建立在不损害别人的基础上。如果你的玩笑是以取笑别人为乐，那么这种语言上的"弛"就过火了。

反过来，如果你说什么都一本正经，很无聊，甚至说话很严肃、很强势，给人一种咄咄逼人的感觉，像个话痨一样，那这种"张"，就很难营造出一个轻松的聊天氛围，彼此会产生距离感。

所以语言上的张弛有度，一定要取得一个很好的平衡，任何一部分都不能太过分。

但万一你真的不小心说了一些不该说的话，导致气氛很尴尬，那这个时候，你就要懂得去处理这种尴尬，重新让谈话气氛回到轻松的状态。这也是我将要说的第四点，你要懂得处理聊天当中遇到的尴尬。

第四，巧妙处理尴尬。

很多时候，我们之所以不敢跟别人聊天，就是因为害怕聊天气氛弄得很尴尬。

什么情况才会导致你很尴尬？就是说错话，聊着聊着，突然没话题，或者踩了对方雷区等，都有可能让大家陷入尴尬。

尴尬是破坏聊天氛围的其中一个杀手，一不小心，明明很畅快的聊天气氛，一下子就被弄得没了。所以学会处理尴尬，是聊天里面一个很重要的能力。

那怎么处理尴尬呢？

在此之前，首先你要意识到尴尬的发生。在说话之前，你一定要考虑到自己的话语，在当下情景可能会造成的影响。

例如你跟一个销售国产汽车的朋友聊天，你却说一些国产汽车的种种弊端，这不好，那不成熟，问题多多，以为这样说可以打开话题，其实说不定这些话会让对方感到很难堪。

所以，说话之前，你一定要考虑到你说出来的话，会不会跟对方的切身利益产生冲突。对方有可能在意的事情，你就尽量不要说了，就算是好朋友也是这样。

但你真的不小心把话说出口了，怎么办呢？这时候你就要去缓解这个尴尬。而缓解尴尬有两种方式，第一就是真诚道歉，直接说"不好意思，我不应该在你面前说这些"。那我相信，别人肯定也不会太纠结了。

第二，通过幽默来缓和气氛。

例如你意识到对方是做国产汽车这一块的，发现自己说错话，你就说："哎呀，才想起我也是国产的，自己都浑身毛病，怎么还有颜面去说其他东西呢？智商欠费啊！"

听到你这么说，我相信对方肯定笑一笑就完事了。

所以发挥你的幽默感，或者自嘲一番，调侃一下自己，淡化这个尴尬的气氛，这就很容易转移对方的注意力。

那怎么才能够发挥幽默感呢？这就要回到我前面所说的，首先你要放松下来，跳脱你的思维，发挥你的想象力，摆脱你固有的说话方式，让自己的言谈有趣好玩起来，适当让自己不那么正经，只有做到这样，你才有可能化解尴尬气氛。

这是一整个流程的运作，相互影响的。对照这四点，看看自己哪一点还做得不好，然后试着努力去学习提高！

当你能够融会贯通这些特质，私底下经常刻意锻炼自己，直到形成一个非常自然的行为表现，那最后你肯定也能够懂得怎么去营造一个良好的谈话氛围啦。

7. 说话干涩乏味怎么办
——学会讲故事就能事半功倍

跟别人聊天，最忌讳的就是说话枯燥乏味，干巴巴，一点感觉都没有。

如果平常你与别人的聊天，没有任何吸引人的地方，那么你就要学一学怎么讲故事了。通过故事的包装，你才能够把自己的观点潜移默化地去影响听众，改变他们的观感。

毕竟听故事，我们每个人都喜欢。

小时候看漫画，学生时代看小说，现在看电影，这些媒介都有一个核心共同点，那就是故事。而故事这个特质，就是这样一直吸引着我们的注意力。

喜欢故事，是我们人类与生俱来的行为，植根在每个人的基因里面。

远古时代，在语言诞生之前，族人之间讲授打猎技巧，分享躲避危险的经验，往往就需要用故事来传递信息。人类进化至今，喜欢故事已经变成我们的生存思维之一。

而对于说话而言，懂得运用故事和不去运用故事辅助表达，两者会有大相径庭的效果。因为故事如果讲得好，会产生很大的感染力。

为什么现在很多鸡汤文都是先说一个故事，然后再总结陈词发表见解呢？

就是因为这种表达形式会让听众置身于一个情景之中，就像我们戴着VR眼镜去感受世界那样，很容易产生代入感。我们从故事中感悟人生，学习道理，比起干巴巴的理论，的确更能引起共鸣。一个励志的故事能够鼓舞人生，一个情感故事能够激发情绪。

所以在一对一的谈话或者公众演讲的过程当中，很多人都通过讲故事来说服听众接受自己的意见，也就顺理成章了。

因为只要故事足够真实，我们就会相信里面表达的逻辑，也会同样适用在我们自己身上。

故事需要具备什么要素

当今社会，我们每个人都是一个故事讲述者，微博、微信朋友圈、直播等各种社交网站，都在分享着自己的故事。

如果一个人的故事能够给大众提供某些价值，不管是娱乐价值还是新闻价值，这个故事就能够吸引大众的视线。

哈佛大学认知心理学家霍华德·加纳德，他曾提出"领导者讲故事"的核心理论。

他认为，讲故事是成为领导者的一项重要的技能。如果一个领导者不能通过故事来宣扬公司和产品的价值，那么他就没办法把自己的商业帝国做到极致。

那么什么样的故事，才能够给予我们积极的帮助呢？这里面包含了什么要素？

以下五个核心关键点，就是故事必备的要素，掌握了它们，才能够成为一个合格的故事讲述者。

（1）热情。

热情对于影响力的产生和传播，起到非常关键的作用。因为它不但可以激发我们的积极情绪，而且还能够影响到我们的判断。

试想一下，一个忧伤阴郁的将军带领士兵打仗，他能打得过一个热情激昂的将军吗？古代很多以少胜多的经典战役，激励的情绪在其中起到的作用是不可忽视的。

例如项羽的破釜沉舟，就是其中一个例子。所谓"战前动员"，就是用热情的态度来激励参与人员的心理，以达到可以行事的水平。

所以在说话里面，添加一些热情，就会让对方的情绪发生相应的变化。而好的沟通，一定缺少不了热情。就算你讲述伤感的事情，也一定要热情地去讲述，否则讲不了多久，听众很可能就会昏昏入睡了。

（2）英雄。

每个故事都必须至少有一个英雄。

这个"英雄"当然是借喻，指的就是解决困难、化解纠纷的人。当然这个英雄可以是作者本人，也可以是其他人，总之就是事情的参与者。

有了这个角色，我们的焦点就放在了这个人身上，跟随他的脚步去经历他的遭遇。然后我们就从这个人的故事当中体会他的所思所想。

这就是代入感发生的条件之一。没有英雄，我们的心灵就无从安放了。

（3）恶人。

有了英雄，自然就需要有相应的恶人来衬托。

恶人的意思，除了是那些带给我们麻烦的人物之外，同样地，这个"恶人"也可以是借喻，用来指代英雄遇到的困难和障碍。

因为平淡无奇的故事，很难激起我们的情感，必须有恶人制造出难以克服的障碍和难以预料的事件，才能引申出一系列的感觉。没有恶人的存在，英雄的形象就不会很突出。

在我们说话的过程当中，我们适当地制造一些"冲突"，让谈话的情感此起彼伏，这样聊起天来就不会很无聊。

例如开开玩笑，反驳一下对方，甚至打情骂俏，都是这样的"恶人"。

所以在我们讲故事的过程当中，千万不要忽略恶人的作用。

（4）感悟。

一个好的故事，肯定能够给听众传达出思想和感悟。故事是观点的载体，故事说完了，那么你的观点多多少少都会因此让听众产生一些看法和想法。

有时候通过故事的感悟，可以很容易地改变对方看待人生的视角，发现事情的多样性，给对方留下深刻的印象。

所以在开始谈话之前，你一定要明确你要表达的观点是什么，而你又希望从故事中得到什么样的感悟。记住这两点，可以让你有目的地调整谈话的内容和表达方向。

（5）变化。

克服恶人制造的种种困难后，终于获得大团圆结局，就是我们熟悉的英雄故事了。

有很多文章，都会告诉我们故事的结果，这个结果或欢喜或悲凄，都能够引起我们情绪上的变化。无论你得到感动的心理，还是悲伤的感觉，你的思想都会因此产生微妙的变化。

留意一下某些鸡汤文或者新闻报道下面的留言，是不是很多人留言的情绪，已经跟着故事的节奏走呢？

故事就是有这样的效果，可以给我们的思想"带节奏"。而这，也是我们在沟通中应用故事帮助我们表达的其中一个原因。

如何讲述故事

故事的六要素，是时间、地点、人物、事件、观点、感悟。铺排好这六要素，就是构成故事的基本原理。

当然，这六要素在故事中占据的内容详略不同，但其分量都是同等重要，缺少任何一点，就称不上是完整的故事了。

在写作或者公众演讲这些正式的表达当中，这六要素很容易凑在一起。

在日常对话当中，这六要素会随机分散在不同的话语之间，甚至会被忽略不说，只是由于有语境和环境等上下文的参照，我们对于故事的理解也不会有太大的问题。

例如朋友 A 和 B 两人的对话：

A：你昨晚去哪里了？（时间要素）

B：我跟女朋友去××商场逛街了。（地点和人物要素）

A：那为什么我打电话给你，你没有听到呢？

B：我们在看电影啊，手机调了静音，我都听不到有电话打来，后来看到，不过回到家又忘记了。（事件）

A：下一次你留个心眼好吗？害得我这么久都找不到你，你真的是重色轻友啊，哪有朋友这样子的？（观点）

B：对不起啦，下一次我一定会注意的，肯定不会忽略你。（感悟）

这六要素就这样被分散了，但如果一气呵成组成一个故事，大概就是这样子：

昨天，我和女朋友一起去逛商场，其间还去了电影院看了一场非常搞笑的电影。

但没想到，我的朋友小B居然在这期间一连打了好几个电话给我，由于我手机调了静音，所以一直都发现不了，直到看完电影才发现手机上这么多未接来电。

原本打算送女朋友回家之后，打回给他，没想到回到家，我又忘了这事。

第二天碰到小B，他就劈头盖脸地责骂了我一番，说我重色轻友什么什么的。

细想之下，其实我的确不对，自从谈恋爱之后，对小B的事在心里缺少了装载，这确实不是一个好朋友应该有的态度。

经过他的责骂，以后我肯定不会轻易忽略友情了。我一定要学会在爱情和友情之间取得一个很好的平衡。

这跟小学生的日记是不是很相似？基本上都是一回事。当你跟另一个朋友谈起这件事的时候，故事就可以开始讲述了。

当然，故事的内容和思想，会随着我们年纪的增长，变得越来越深邃，我们阅读起来也就不会觉得故事幼稚。对于问题的发现和解决，都慢慢渗透出深刻的感觉。而这些变化，都离不开我们的学识和阅历。

值得注意的是，上面这个故事，只是顺叙讲述。除此之外，还有倒叙和插叙，都是根据事情的前因后果，或者交际目的来调动内容。

而最好的故事，必须具有三个特点，就是悬念、冲突和意外。

悬念，就是能让人感到胃口被吊起来的心理倾向。

很多能够引起我们好奇心的东西，都有悬念的特质。不少小说的开头，第一句话就充满悬念。

例如，外星人预计六天毁灭地球，它们对人类连续发动了五天的致命攻击，导致死伤无数。今天，是第六天，而我们人类，却依然还有小部分人活着，于是我们开始伺机反击。

用在上面小 A 的故事上，他可以这样制造悬念："昨天我见到小 B，他狠狠骂了我一通，那一刻我忽然发现，我们的友情已经受到了考验。"

这样引起别人的好奇心，对方自然就会把注意力放在你上面了。

冲突，就是目标遇到障碍的结果，就是英雄遇到恶人后会发生的事情。

例如你的目标是帮助父亲凑钱治病，但遇到各种障碍，朋友的远离，亲人的躲避，让你在跟这些人的周旋当中，不断出现麻烦，于是冲突就出现了。

这个冲突，可以是内心世界，也可以是外部环境。好莱坞的电影，往往是冲突不断，对每个冲突的出现，都算好时间。

最后是意外，就是情理之中，意料之外的意思了。

如果一个故事，平淡如水，很难引起我们的情感。不过如果在发生的过程当中，能一次又一次让我们对故事感到意外的惊喜，我们就会被故事牵着走。

例如经常照顾你的朋友，突然背叛你，你愤愤不平。但后来发现，原来他这样做，是希望自卑的你，能够独立面对这个世界。这样就意外了。

综合故事这三个特质，就是先用悬念引起听众的好奇心，接着在讲述的过程中给出一个又一个冲突，最后结果却让人感到意外，那么这个故事就非常引人入胜了。运用到沟通之后，自然能够影响对方的情绪了。

想一想，很多情感诉苦的节目，是不是都这样做？

怎么讲故事才有效果

我们在日常对话当中，很少有时间留给我们长篇大论地讲故事，所以在稍纵即逝的语境当中，讲述的故事一定要长短适宜、剪裁得当，要懂得根据实际情况来取舍故事的内容。

但是，你的讲述方式也很重要。如果你的讲述不到位，听众的感觉也很难被调动起来。

那怎么做才能够讲好故事呢？

首先，你的肢体语言一定要到位。

讲到伤心处，你的眉目表情也要有伤心的感觉；讲到高兴处，你也要表现出手舞足蹈的感觉。所以这就要求你一定要对故事倾注相应的情感，以此来润色故事。否则，干涩的讲述方式，只会让人厌烦。

其次，节奏一定要掌控好。

想要在有限的时间内传达强烈的信息，就必须摒弃不必要的话语，将核心信息言简意赅地植入听众的心中。这时就需要提前将核心信息总结出来，从一个词语到几句话都可以。如果没有这个步骤，就很有可能出现要说的话太多，时间却不够用的情况。

最后当然就是不断练习了。请记住一句话，你所以为的天才，只不过是不断练习的结果而已。

武装自己讲故事的能力，任何时候都是非常有用的，就看你会不会讲了。

第七章

情商，沟通不能缺少的润滑剂

1. 提高情商为什么这么难
——掌握情商才能好好说话

什么是高情商?

在一般人的认知里,高情商跟圆滑好像画上了等号;总觉得一个高情商的人,为人处世肯定虚伪得八面玲珑。

我不否认,有些看上去很高情商的人,却是那种两面三刀、虚与委蛇的人。不过在正确的认知里,高情商的人并不单单体现在为人处世的技巧上,更多的是体现在自我情绪调控和面对挫折时的行为反应。

一个人跌倒了,如果能够自我激励,很快鼓起勇气爬起来,那这个人就具备一定的情商系数。相反,一个人稍微遭受一点打击,就悲观厌世、自怨自艾,甚至一蹶不振,那这个人的情商系数就比较低了。

当然,现在我们所讲的情商,更多的是跟人际交往扯上关系。例如你跟别人怎么好好说话,怎么应对冲突,怎么处理人际关系上的矛盾等,往往会用到某些交际技巧。而这些看似"虚伪"的交际技巧,却成了很多人不知所措的烦恼。

那些情商系数不高的人,会觉得这些技巧自己做不来,也不愿意去做,认为这不是自己的本性,硬要去做,就是虚伪了。

为什么有人觉得这些技巧会有这种"虚伪"的感觉呢?大概有两个原因。

(1)这些技巧不是你能力的一部分。

当有些事情没有成为你能力的一部分之前,你对这种能力的运用往往是很生疏别扭的。

我们都知道，懂得哄女生开心，可以体现出男生的高情商。可是如果你没有掌握怎么去哄女生的能力，那么硬是要你去哄，你就会觉得很别扭，怎么做都做不好。试过几次失败之后，这时你就会认为自己不是那样的人，所以没必要继续做一些自己本性以外的事情，因为这样很虚伪。

问题是，你在学会开车，开始玩《王者荣耀》，甚至给自己做饭吃之前，你有把学习这些能力期间所带给你的别扭感觉，当成是在做一件自己本性以外的事情吗？我相信你肯定没有！因为你知道，学习开车是你人生所需，玩《王者荣耀》是你的兴趣所在，做饭给自己吃是你的生理需要，这些能力的背后，有足够的动机让你去掌握它们。

如果你没有足够的动机去掌握某种能力，那么学习这些能力就会成为你的心理负担，从而觉得自己并不是在做着自己，是那样别扭难堪；要是硬假装努力去学习，你就产生一种不舒服的感觉。对于哄女生这些可以展现情商的人际交往技巧，也是如此。

刚开始学习一种新能力，肯定要经过一段不舒适的时期，这很正常，毕竟你还没有完全掌握它，熟悉运用它。但当你真正把这些技巧内化成自己能力的一部分，你做起来自然就会得心应手，久而久之也就不会产生那种硬着头皮做的虚伪感了。

（2）这些技巧并不是你确切所需的能力。

当然，有人会觉得，不学习开车那就坐公交车了，不玩《王者荣耀》又不会死，不做饭给自己吃可以叫外卖啊！

这有没有对错？没有，个人喜好而已。

同理，如果你打从心底认为，这些高情商的人际交往技巧并不是目前的你迫切需要的能力，尽管你觉得它们很有用，不过你的潜意识已经给这些能力贴上了"没需要"的标签，那么你学习这些技巧的时候，你就会抱着抗拒和迟疑的态度。抱着这样一种态度，你怎么能够把它们学好呢？

人是靠信念而行事的动物。而信念的强弱会影响到我们对外界采取何种应对方式。强大的信念，会让你排除万难，一路奋战到底；而弱的信念，稍微遇到挫折，就会自我怀疑，然后随之偃旗息鼓，宣告放弃了。

所以当你觉得学习这些能力没有太大的必要，你自然就不能好好掌握它们。这样的结果就是你运用它们的时候，导致了上面第一点那个情况，因为生疏不熟练而感觉别扭难堪，产生硬着头皮做的虚伪感。

基于上述这两个原因，你无法"发挥"出你的高情商，那是很正常的事情了。

也许很多人会疑惑，为什么是我学习这些能力？为什么跟别人聊天的时候，是我去赞美他们？为什么是我去跟他们说好话？我这么照顾他们感受，谁来照顾我的感受？我不开心的时候，又有谁在我身边鼓励我？既然没有人在乎我，我为什么这么傻主动去掌握这些所谓的高情商技巧跟别人相处呢？

如果你有这些想法，那么你的情商系数就还不算高。为什么？

没错，照顾别人的感受并不是我们的义务，同样，别人照顾我们的感受，也不是他们的义务。但是，我们跟别人好好相处，却是我们的一种选择。而这种选择，就是个人心理素质强大的一种证明，自我涵养的一种体现。

没有意识到这一点，就会阻碍你提高自己的情商。

你为什么无法提高情商

还记得情商的定义吗？

就是懂得处理自己的情绪，拥有对抗压力和挫折的能力。当你自己都能够激励自己，自己都能够处理好自己的负面情绪，自己都能够应对生活给予你的压力，你根本就不会"有求于人"，心心念念渴望有个谁走出来给你勇气和信心。

假如你连自己的问题都处理不好，这个时候还要求你好好跟别人相处，去照顾别人的感受和情绪，那的确很为难你了。

所以这也是很多人看了很多讲述情商的书籍，却依然无法提高情商的核心原因——你的内心还没有足够强大。

一个心理强大的人，压根不会奢望别人突然跑过来，找到躲在角落里的自己，然后让别人给予他一声温暖的安慰。他不会这样想。

这种人的心态是：你能够看出我的伤感，给予我一声善意的安慰，我由衷地感谢你，谢谢你这么关心我；但如果你没有看出我的伤感，也没关系，我自己可以处理好它，不会让我的负面情绪影响到你。

是不是觉得，情商高的人，好像伟大得都很自虐呢？

站在你的角度，也许是这样认为，但在高情商的人看来，这只是非常正常的事情。毕竟每个人都有压力，都有失意，都有情绪不好的时候，不可能时时刻刻都要将自己的困扰让他人分担。所以学会自己处理这些问题，这就是人生的必修课，没什么大不了。

当一个人能够处理好自己的问题，知道怎么梳理自己的情绪，自然能够腾出更多的精力和善意，为了和谐的人际关系而做一些"照顾"别人感受的行为。就算遇到不公平的对待，心理强大的人也会运用最适合、最合法的方式去还击，而不是任由冲动拖累自己，或者弱小得只能躲在一旁不敢吭声。

所以，只有你的心理素质还不够强大的时候，才会在意"为什么我这么累，我还要对别人好好说话""为什么我明明这么难受，还要照顾别人情绪""为什么他们总是对我不好"这些怨天尤人的想法。

情商高的人，其中一个显著的特征就是精神独立性强，不会什么都依赖别人。一个人也能够活得很好，只是有人陪伴，会过得更好而已。

然而，想要让自己的心理变得强大，没有经历过世事的沧桑浮沉，没有体会过人情的冷暖变幻，是很难练就出来的。这样的人，明白世俗的不堪，却依然对生活保持热忱；了解到人的劣根性，却依然对人心存善意。

这话很难理解是不？

简单来说，就是你明知道女朋友很任性，脾气又不好，有这样那样的缺点，但你相信她爱你，也相信她会为了你而变得越来越好，于是你便一如既往地继续好好对她。

这就是情商了。想要做到这种程度，一点都不容易，因为分寸和底线也很重要。

那怎么办呢？

怎么提高情商系数

既然情商跟自己的心理素质有关系，那么一边让自己经历更多的挑战，接触不同的环境，以此来加强自己的心理素质，一边有意识地锻炼自己运用情商技巧，使其变成自己能力的一部分，结合两者去锻炼，这才是最好的方法。

提高自己的情商，可以从你的行为、说话、表现等来入手调整，不过这些只是外在因素，想要真正获得提高，还得从内在因素着手改变。

以下四个特质，你做得好与不好，会影响到我们如何提高情商的。

（1）增强原则灵活性。

有一部美国电影，叫作《感谢你抽烟》。

电影的主角是一个烟草公司的说客，主要职责就是处理公司的危机公关，辩说口才非常了得。

有一天他的儿子问他，成为一名说客，应该具备什么条件。主角父亲回答说，要有一种超出大多数人的道德灵活性（a moral flexibility）。

什么意思呢？简单来说，就是你不会拘泥于一些道德性的条条框框，会懂得根据客观情况来调整变换。对于情商而言，这个"道德"，应该换成"原则"。

很多情商不高的人，都是非常有原则的人。还没跟别人相处，心里就给自己设定许多框框条条，诸如"我才不会主动跟他们打招呼"，"我说话就是这么直接，怎么着了"，"我就是不喜欢说话，没必要搞关系"，等等。

以致在大家交往的过程当中，弄得气氛剑拔弩张、矛盾不断。

原则是可以灵活变动的，只有底线才不可以。例如，"谁开玩笑伤害我的家人，我就不放过他们"，这是底线；"讨厌别人跟我开玩笑，我也不会跟别人开玩笑"，这就是原则。

怎么识别二者呢？

底线的事情一旦打破，就会造成非常不好的后果，而原则性的事情，就算打破了，只是带给自己不习惯的感受而已。我相信谁都不会把"我不能杀人"这个说法当成是原则性的问题吧。这应该是每个人，作为守法公民的底线。

所以，情商高的人，可以让自己的原则稍微灵活变动一些，不会过分固执死板，说话玲珑机警，懂得根据环境和对象而随机应变。

想要提高自己原则性的灵活度，想一想，一直限制你运用情商技巧的，是你的底线，还是你的原则。

要是后者，适当变动一下吧。例如你从来都喜欢跟人抬杠，现在稍微放下这个原则性的习惯，然后主动去赞美别人！

（2）加深心理容纳度。

情商不高的人，心理容纳度一般都比较低，就是眼睛里容不得一粒沙子。

这种性格，本来没什么好与坏之分。只是人，本来是一种不完美的生物，总是有缺点的，不可能做什么事都让你满意，一旦你对他人的做法也不满意，这就很容易发生冲突。

当然，我这里说的缺点，不是那种伤害到他人正常生活的缺点。而是那种每个人自身性格携带的，微小的，对他人不会造成太大影响的行为举动。

例如有些人说话就比较大大咧咧，给人好像没有文化的感觉，其实他的为人品性非常善良可爱，待人真诚。那么这些小缺点，如果在相处的过程当中，你无法容忍，就很容易把彼此关系弄得很僵。

好比我走路不小心撞到了你，我跟你说声对不起那就过去了，你没必要揪着不放，一直在骂人。这样的人，心理容纳度一般不高，看什么都不顺眼。假如世界没有按照他的方式去运转，他就觉得世界对不起他，各种怨恨，各种吵闹。

心胸豁达的作用，就是让自己的心理容纳度变得更加深厚，从而用一种比较平和的态度去看待外界的事物。与人相处的时候，你能够做到这样子，你就不会跟别人发生太多的冲突和矛盾了。

想要让自己的心胸开阔起来，只有一种方法，就是走出自己的小天地，接触更广阔的世界，见识多了，你自然懂得哪些东西才是最重要的。

正如我之前所说，你了解了人的劣根性，那么那些小打小闹的缺点，也就不算什么了。

（3）学会自我情绪调控。

情绪对于情商的重要性不言而喻，连自己的情绪都控制不了，不足以控制人生。

我们总是把脾气最糟糕的一面留给家人，最友善的一面留给陌生人，因为家人可能无限量地包容我们，而陌生人却不行。

这当然不是好事。

脾气谁都有，但情商高的人，很快就会找到渠道把这些脾气化解掉，而不是一直闷闷不乐，或者任由愤怒控制自己。

不开心的时候，可以通过写日记来宣泄自己被压抑的情感。日记就是吐露心声的树洞，当你写完一篇日记，把所有郁闷都写出来，你的心情也就随之变好了，还可以锻炼自己的写作能力。

所以，当你开始感到自己将要发脾气的时候，在心里默念十秒，不管你父母、你老板怎么唠叨你，你都要在心里默默地从一秒到十秒数个一遍。这时你的注意力就会转移到数数上面，而不是放在那烦人的唠叨上。除非对方的唠叨不怀好意，你就要适当反击了；如果不是，发脾气只会带来更不好的后果。

完了后，你就找到一个合适的渠道发泄这些情感。我以前是写日记，有时候是一个人上街闲逛，甚至坐在公园里安静地观察行人。

当你找到合适的方式宣泄自己的情感，你的脾气就会慢慢好起来，与人相处的时候也会变得更平和，内心也会更强大了。

内心强大的结果就是，你的情商也会随之提高。

（4）懂得随时察言观色。

知乎有个提问：你见过情商最低的行为是什么？

其中一个高票回答这样写道：

你踢我干吗？

这就是察言观色的能力了。你无法根据当下发生的细节而选择适当的反应，就很容易让自己或别人陷入尴尬的境地。

而察言观色的前提，就是你懂得识别他人的情绪反应。而这些情绪反应，一般都表露在别人的行为举止上。假如你对别人的行为举止多留个心眼，你就很容易知道对方的心思。

不要太快得出结论，控制好自己说话的冲动，让自己有一个察言观色的缓冲期；设想你的言行，会对别人造成什么样的影响。这就是尊重他人的体现。

察言观色有事前观察和事后观察两个阶段。

试想一下，你看到一个老前辈，一来就冲上去说"喂，这么巧，去哪里啊"，或者看到一个女生，觉得对方不错，就说"美女，你这么漂亮，给我个电话呗"，很明显，这种没有分寸感的说话，就缺少对他人应有的尊重了。

事前的观察，也就是没有对后果进行合理的设想，你很容易踩到别人的雷区，从而影响彼此的关系；而事后的观察，当你意识到自己已经踩到对方的雷区了，这时你应该立刻道歉，或者采取应变措施，缓解这个尴尬。

其实只要你做到上面那几点，你察言观色的能力肯定会大增的。不过你也可以通过刻意练习来提高你的观察力。

下一次出去吃饭，你坐在座位上，观察其他食客的行为举止，推测他们在聊什么，心情又怎样，他们与同桌的关系又是怎样，自然就可以锻炼出你犀利的观察力啦。

2.沟通高手都是什么样子
——高情商的说话技巧

我们每个人都会说话，然而并不是每个人都懂得沟通。

沟通是一种技能！既然是技能，那就需要花时间去学习。如果把说话比喻为掌控汽车，那么沟通就是在掌控汽车的基础上，懂得如何更好地驾驭汽车。

也就是说，沟通是比说话更为高级的一种能力，跟我们的情商有关。

在中国这个社会，父母和子女之间，大多数时候只是说话关系，会沟通的父母少之又少。他们只会把思想强加给自己的子女，从不顾及子女的意愿；而作为子女的我们，同样也不懂得怎么跟父母沟通，总是在他们眼前摆脸色、耍脾气。

而情侣之间呢？动不动就刺激对方情感，动不动就甩脸走人，动不动就出言不逊，以为两人在一起久了，什么都可以不用顾忌，说什么屁话做什么屁事都当成是理所当然。这是沟通吗？这只会把这段关系狠狠地、毫无怜悯地推向火坑！

这些都是缺乏情商的沟通。

真正的沟通高手，从来都善于跟任何人进行有效的交流。掌握沟通技能，学会沟通技巧，提高自己的情商，会让你在任何时候的处事都变得游刃有余。

培养沟通能力的前提

卡耐基说过一句话：你怎么说比起你说什么还要重要。

这是什么意思呢？举个例子，同样一句话，如你好讨厌啊！

试想一下，你用很愤怒而急速的语气说，这句话留给别人什么样的感觉？然后再用撒娇而舒缓的语气说，这又是一种什么样的感觉？前者表达出的意思是你不招人喜欢的厌弃，而后者表达的意思却正好相反！

同一句话，就是因为用了不同的方式说出来，从而带给别人一种完全不同的感觉。奇妙吧？这就是语气语调的作用。而这些语气、语调、手势、态度、说话节奏所组成的表达方式，就是"非语言沟通"。

真正会说话的人，从来都不会把一句话就这样单纯直接地说出来，而是经过他"非语言沟通"手段的修饰。这个修饰，指的就是"怎么说"了。沟通的效果好不好，正是取决于你怎么说出那些想说的话。想一想说书人是怎么做到这一点的？

有时"非语言沟通"的影响力，比"语言沟通"的影响力还要大很多。你热情、慷慨、激昂，那么跟你相处的人也会因你而感受到这种积极的情绪；你消沉、苦闷、烦躁，那么你留给别人的感受，也就偏向负面。

也就是说，身体比嘴巴更能传递信息。你一万句"我爱你"，都抵不上一个深情的拥抱。为什么笑容会带给人们友善的感受？就是这个道理！

所以要成为一个良好的高情商沟通者，你首先要学会如何运用好自己的"非语言信息"的沟通手段。一个受欢迎的人，走出来的形象从来都是自信满怀、昂首挺胸的，行为举止、说话语气也是落落大方、亲切自然。如果你连这一点都做不到、做不好，基本上沟通高手就与你无缘了。

有时候你一句话说出来的意思并没有攻击感，却就是因为语气、态度这些非语言信息展示出另外一种感觉，于是别人就对你的言语产生了负面的情绪。

高情商的沟通者，会懂得识别对方的非语言信息，然后以此来调整自己的沟通模式；同时，他们也会非常注意自己散发出来的非语言信息，以此来塑造良好的谈话氛围。

有了这个基本概念后，接下来，才有可能提升你的沟通能力。

怎么做呢？

（1）保持客观中立，提高表达能力。

你现在所拥有的人际关系，很大程度是你自我信念的反映。而正是这个自我信念，决定了你能不能成为沟通高手。

假如你是一个偏执的人，那么你的沟通模式自然就是蛮不讲理，所获得的人际关系也就局限于某个小范围内。同理，如果你是一个开明豁达的人，那么你的沟通模式自然就包容理解，所获得的人际关系也会随之扩展到很大的方面。

问一问你自己，你拥有一个什么样的自我信念呢？想要成为沟通高手，你必须有一个信念，就是客观中立。

我们每个人的成长经历不同，生活对我们所塑造的价值观和性格也有所不同。如果我们与人沟通的时候不能做到客观中立，那么我们的言语就会变得自我和固执，对别人的评价和判断都以这一点出发，最终获得的沟通结果也就变得很糟糕——除非对方不值得你这样客观中立。

你要知道，我们大脑很善于"脑补"。举个例子，一个男生抛弃了自己的女朋友，跟另一个女生好上了。看到这里，你会想到什么呢？是不是觉得这个男生是个见异思迁的渣男？

先别急，真相可能是：这个男生因为不满自己的女朋友经常在外面跟其他男生勾肩搭背搞暧昧，一怒之下就抛弃了她，伤心期间碰到另一个女生，不断获得对方的关心，于是他就跟这个女生在一起了。

我们的心理机制就是这样，喜欢对事情"归因"。可惜囿于信息的局限性，当我们大脑能够找到一个浅层的原因去解释到某件事之后，那么那个真正的深层原因，我们就不会再去寻找了。男朋友不回你信息，你脑补很多不爱你和出轨的情节也是同样道理。

正因为人的大脑有这种特质，所以一旦信息被自己的大脑加工，甚至经过人传人到达你的耳边时，你所获得的信息已经被大大扭曲。如果我们由此出发去跟别人沟通，则很容易造成误会和冲突。

同理，一旦我们表达的信息不完全、不准确，也很容易让人产生误会。情侣之间的争吵，多数都是这个原因，表达不充分，理解不完全。

所以任何时候，在对人和对事情还不是完全清楚的情况下，你要懂得站在客观中立的角度去看待现象，切勿妄下结论。这就要求我们要懂得尊重对方，懂得聆听对方，而不是逞一时口舌之快，从而让沟通陷入僵局。

而提高你的沟通能力，学会准确而完整地表达你想要表达的信息，这不仅是沟通高手的能力，还会让你的人际关系变得更加融洽。

这就是高情商的人，都懂得做的事情。

（2）善于打破冷场，主动制造话题。

沉默有时是一种很有用的工具。懂得什么时候闭嘴，比起你经常口不择言地说话，往往更能获得别人的信赖。

然而在大多数时候，仅仅是沉默，是无法给你带来良好的人际关系的。那么这个时候，你就要学会打破冷场，主动寻找话题。

我知道很多人都不善于跟别人打交道，生怕开口说错了什么而把气氛弄得很尴尬。之所以这样，是因为在很大程度上，我们假设了自己与别人接触会产生某种不好的后果。

你不断在心里进行负面的自我暗示：她会不会对我没有兴趣？我突然开口说话会不会很唐突？这人看上去这么冰冷，万一不理我怎么办呢？正是这些负面暗示，制约你谈话的勇气。

其实换个角度来看，别人何尝不是这样想呢？倘若两个人都是这样担忧，那么彼此沉默时所产生出来的尴尬气氛，不是一样会让你难受吗？有时反而主动开口破冰，把谈话的气氛活跃起来，说不定感觉会更好。

而制造谈话的技巧之一，就是善于观察，从对方身上寻找素材。如果别人捧着一本书，那你就可以顺着这本书来进行交流；别人高兴，你就可以利用这个高兴畅谈一番。也就是说，你要懂得从别人的"词汇"当中，衍生出一个话题，不断围绕着这件事来与对方沟通。

例如从"学习"这个词里，我们可以衍生出读什么书，上什么学校，对于教育的看法等，以此来聊天；完了后再由此延伸到学习以外的兴趣爱好，诸如平日做什么运动，看什么电影，去哪里旅游，等等。通过这种方式，你的话题就会源源不绝了。

值得注意的是，这里面你不能一直充当问问题的角色，否则会给人你在查户口的感觉。所以，在问出一个问题，别人回答你之后，你就要适时说出自己的看法，谈一谈自己的感受。这种交流期间的补充和情感交换，会让对方感到放松和信任，对你也就更乐意一直沟通下去。

只要你能够像主持人那样，善于控制话题和引导话题，多谈论点对方感兴趣的事情，专心倾听，适时反馈对方，而非只是一味谈论自己，那你就可以成为一个沟通高手了。

千万不要时时刻刻都大谈特谈自己的事情，高情商的人，从来都懂得分享"话语权"的。有来有往的聊天，才是最好的沟通。

（3）懂得直面冲突，处理矛盾。

你跟另一半吵架，你会采取什么样的措施应对情况？大声骂回去？发脾气扔东西？还是选择逃避，使用冷暴力？

相信我，这些方式只会让情况变得更加糟糕！因为这些方式是属于消极被动的。

那应该怎么做呢？答案只有一个，就是坦诚地向对方表达你自己的感受、想法和愿望。当然，前提是你的"非语言沟通"也不能消极被动。你首先要懂得控制自己的情绪，先冷静下来，然后再尝试去沟通。

可惜的是，我们大多数人并不太善于直接表达自己的感受和需求。女朋友动不动黑脸，什么也不说，就是为了让男朋友知道她不开心；而男朋友突然说话暴躁凶恶，就是为了让女朋友明白他的不满。

问题是，你试过直接告诉另一半你之所以这样的原因吗？并没有！你反而希望对方能够像你肚子里面的虫子一样，对你的一切想法都了如指掌。这有可能吗？简单一句"你这样做，我很不开心"就能够表达出来了。

有些冲突是无可避免的，毕竟我们每个人都是不同的个体，就算成为情侣，也有很多想法和观念不一样。然而你怎么处理冲突，则非常影响你们的关系。

所以你一定要有这个意识：所有的冲突，都只是为了解决问题。如果你所采取的方式不但无法解决问题，反而会将问题变得更加恶化，那么你这个方式就是错误的，诸如忍让、逃避、推卸责任等等。只有在这个基础上，你才可以有选择性地采取其他更为合理的方式去解决冲突。

所以理性地把自己的感受和想法说出来，大家一起协商、调适，彼此做出妥协，获得双赢，才是高情商的处理手法。

3.高情商的特质是什么
——懂得展现说话的分寸感

人与人交流的过程中，彼此多多少少都会遵循着一个准则说话。

这个准则，无形中指导着我们该说什么话，不该说什么话；用哪些方式说话比较好，用哪种方式说话不太好。而这，就是所谓的"分寸感"。

分寸感是建立在彼此尊重的基础上。我尊重你，所以我说的话，就不会损害到你的尊严；我做的事，也不会伤害到你。这一点，受过良好教育的人，都会非常明白。

然而，并不是所有人都能够把握好这个分寸感。

就好像有些话我必须说出来，但要怎么个说法，才能够让别人接受的前提下，又不会显得生硬过分呢？如果这个分寸感我们掌握得不好，很可能我们就会越界伤害到彼此的情面。一件小事，搞不好会变成星星之火可以燎原这么严重。

这就是说话的情商！为什么说话是一门艺术？艺术就艺术在这里。

同样是批评，直接跟别人说"你怎么这么蠢"，跟婉转地跟别人说"你还需要努力一点才行啊"，哪一种听起来会悦耳一些呢？当然是后者。

可是很多时候，不管父母批评孩子，还是女朋友跟男朋友抱怨，他们总是把原本融洽的关系搞砸，弄得盘盂相击。

究其原因，就是我们不太注意这种分寸感。不是觉得我的地位比你高，就是认为我的能力比你强，或者我的阅历比你丰富，于是缺少尊重，自然就没了分寸。

在当前这个社会，所谓的尊重，往往是尊重你的社会地位、你的身份层次、你的金钱财富，而不是尊重你的个人尊严。

一旦得知你不如我，我就可以看不起你。所以跟你说话，就用不了这么讲究。想骂你就骂你，想怼你就怼你，不用客气。但这个情况我们能够改变吗？

不能！

我们唯一能做的，就是提高自己的能力，让自己成为一个有价值的人。我们只有在这个社会建立起自己的价值，才能够获得别人的尊重。

于是由这个前提出发，当我们还不能把自身的价值提高到一定程度时，根据自己当前的地位，我们尊重别人的分寸就可以分为三种：上对下，中对中，下对上。

也就是说，位高者和位低者的分寸，位中者和位中者的分寸，位下者对位上者的分寸。因为我们对于社会地位比自己高、跟自己一样和比自己低的人，所表现出来的分寸感是完全不一样的。

老板和员工的交流，就是位高者与位低者的博弈；情侣之间的相处，就是地位平等的博弈；孩子和父母的感情，就是位低者跟位高者的博弈。

在这样的关系之中，任何一方都会根据自己与对方的亲疏远近，来调整自己的博弈模式。而博弈的结果，就是说话分寸感的展现。

如父母对孩子的打骂，展现出来的分寸，也许是控制。如果父母懂得把孩子当成是平等的个体那样对待，他们对孩子的教育，就不会单靠打骂来完成，说不定会更为尊重对方的想法和空间。他们的对话，就会从"再不写作业，我就吊着你打"，变成"孩子，快写作业吧，写得好，过两天再带你去游乐园玩"。

至于情侣之间的相处，如果任何一方都觉得自己比另一方厉害、强大，另一半只是依附他的附属体，那么原本平等的个体，也许就会展现出位高者对位低者的权力展示。这样的分寸感，很可能就会引发矛盾。由此，他们的对话就会从"亲爱的，我口渴了，给我拿杯水过来好吗"，变成"快给我拿杯水过来，看到我口渴都不会做吗"。

尊重的意思就是平等，而说话的分寸，就是基于平等来相互交流沟通的。

对于服务员这些社会地位不高的人，如果我们认为自己比对方高出一等，那我们说出来的话，自然就不会在乎分寸这些东西，一开口就"服务员，快来给我斟茶"这么粗暴直接。

很多时候，我们跟人说话，说了一些不该说的话，那是因为我们脑子里对于人与人之间的位置层次没有一个清晰的概念，认为对谁都可以用同一套说辞来相处，从而弄得自己尴尬无比。

童言无忌，我们或许可以原谅，然而成人的言行，就必须慎之又慎。

如果我们自身的社会地位、能力层次比他人高，说话的分寸感是由我们自己来掌握，不用看别人的脸色，那么我们选择平等待人，用温和谦逊的话语来跟别人相处，那这就是自身修养的体现。

换言之，根据对方的接受程度来说话，这就是分寸感的掌握。

想要说话的时候掌握好分寸，不管面对恋人、朋友，还是面对老板、父母、明星，还是服务员、出租车司机等，记住三点：

（1）在尊重对方的前提下说话，尽量避免言语伤及对方。即便是玩笑，关系再熟悉，也要掌握好尺度。

（2）用一种符合彼此身份，却又相对平等的态度去对待别人，不卑不亢，切勿说出一些越界的话来。不要因为别人的层次比我们低，就藐视；也不要因为别人的地位比我们高，就卑躬屈膝。

（3）人的社会地位和财富，会对他的性格思想产生一定的影响，从而造成他对话语的接受程度有高低之分，所以要懂得根据对方的接受程度，来调整自己的语言。

当然，还有最后一点，对于不值得我们尊重的人，我们依然保持好好说话的姿态，不是因为对方了不起，而是因为我们只是表现出该有的修养和风度而已。

但是我也主张，适当要反击的时候，你一定要毫不犹豫地反击回去，因为这也是对自己的一种尊重。

4．如何避免把天聊死
——提高你的认知同理心

跟别人聊天，最忌讳的就是让人"哑口无言"。

明明大家处于融洽的谈话氛围当中，你突然来了一句，就把这个聊天态势一下子堵住了，然后随之而来的就是不知所措的尴尬。

例如：

我：我刚刚理了一个新发型，觉得怎么样？

你：你不是有脱发困扰吗？头发都快没了，还去理发啊？

我：之前我看报纸，了解到现在的楼价开始放缓，没之前涨得那么厉害了。

你：你关注这些干什么？反正再便宜你也买不起。

我：听说你以前学习很厉害，还参加过各种活动，有丰富的社会经验……

你：嗯。

有时候是情商不够，性格直爽；有时候是无心之失，说了不该说的话；有时候更是用错了表达方式，不懂得润色一下语言。

那为什么这样的人，会这么容易就把天聊死呢？

容易把聊天窗口堵死的人，一般都有两个原因：内在，就是认知同理心失调；外在，话题点失焦。

如果你不想自己说出来的话导致大家不快，你就要有意识改善这两个地方，学会识别自己说什么话会把天聊死，说什么话才能够提升关系。

什么是认知同理心失调

我们都知道，不懂说话的人，很大一部分原因是跟自身的情商有关。

而情商，却又涉及我们自身的认知同理心。当认知同理心失调，你就很容易说了不该说的话。

什么是认知同理心？

认知同理心（cognitive empathy），是同理心的其中一个类别，指的是我们理解他人怎么看待世界的心智模式。

这个模式，可以帮助我们了解他人的想法、焦点、观点和言谈举止等。

当一个人的认知同理心比较高，他的认知注意力就会集中在他人身上，留意哪些事情是他人在乎的，哪些话语是他人不愿意倾听的，哪些行为是他人所厌恶的。

相反，认知同理心比较低的人，就会把更多的认知注意力放在自己身上，只看表面；自己以为是这样子，就认为是这样子；自己想了解什么，就向别人打听什么，毫无顾忌。

一般而言，我们的认知同理心都会处于一个比较稳定的水平。你是高，就会继续高；你是低，也是一直低。前者比较受人欢迎，后者则会受人憎恶。

而当这个认知同理心因为环境、对象、情绪等因素而变更，那你就很容易产生失调。明明上一句话你还说得非常和谐，转眼间下一句话你就能把天聊死了。

想一想，我们面对朋友的时候可以畅所欲言，好像说什么都可以毫无顾忌似的。

可一旦面对某些不太熟悉的人，我们这个认知同理心就失调了，不知道应该怎么聊天，才能够做到大方、得体、成熟。

想要提高自己的认知同理心，有两点你需要注意：

（1）转移认知关注点。

你的关注点放在哪里，哪里就是案发现场。

什么意思呢？

有一些男生约喜欢的女生出来吃饭，为了显示自己的诚意，一般都会做埋单的那个人。

但在结账的时候，如果女生客套地说一句："我们 AA 制吧，免得你浪费钱。"这时男生要是回答说"也行"，那对不起，你把天聊死了。

因为你把关注点放在女生那句话的表面意思上，却没有意识到，这句话背后表达出来的意思——对方也许不好意思亏欠你，为了减轻自己的愧疚感，于是提出 AA 制。

也就是说，对方说出这句话，只是为了减轻自己的愧疚感，对自己"吃霸王餐"有个交代，否则什么都不提一句，这也太不会做人了。

所以，即便对方也有钱埋单，可是你真的让她这么做，那你留给对方的感觉就不会太好，毕竟是你约她出来的啊！

这就是认知同理心失调。

你认为自己以为的就是对的，听不出言外之意，沉浸在自己的关注点上面。

想要改变这个状况，你就要转移关注点。把当前"自认为"的关注点，转移到"他认为"的关注点上。

例如开篇第一个对话例子，朋友问你："我刚刚理了一个新发型，你觉得怎么样？"

对于这个问题，你知道朋友有脱发的困扰，他又在这个情况下去理发，这是你的关注点；但朋友的关注点，却是希望你评价新发型，说说意见。当你无法通过对方的关注点去回答这个问题，认知同理心失调，你就会用前者的关注点取代后者的关注点，造成尴尬。

当然，并不是每个人的关注点都如此清晰，例如前文提出 AA 制的女生，她的关注点就不是那么直接明白。为了搞清楚对方的关注点，你最好用问句的形式来跟对方沟通。

如：

女生：这顿饭我们 AA 吧，免得你浪费钱。

你：为什么说我浪费钱呢？我约你出来，请你吃饭很正常啊！

女生：只是第一次出来吃饭就要你请我，有点不好意思。

你：没什么不好意思的，多请几次你就习惯了。

站在别人的关注点看待问题，不仅是高情商的表现，更是对对方尊重的体现。

如果你怕自己的言行会惹起他人的不快，你就要学会找出对方的关注点，转移自己的关注点到对方身上看问题；实在找不到，就通过问句来获取信息。

（2）避免成为揭露者。

容易把天聊死的人，他们往往会以一个"揭露者"的角色与他人进行对话。

什么是揭露者呢？

就是他的关注点，通常都会放在对方在乎、想要避开的那个地方，然后把这些地方揭露出来。

正所谓"哪壶不开提哪壶"，揭别人伤疤，很容易说错话，让对方陷入尴尬。

例如你碰到朋友拉着一个女生的手在逛街，你热情地跟朋友寒暄几句后，便问旁边那位女生是谁。朋友回答你是他的女朋友。

这时你说："女朋友？哇！又换一个啦？你这小子，可以啊！"还拍拍朋友肩膀，表示赞美。

这种话语，是不是没有站在对方的关注点，反而去揭露别人在意的地方呢？这样的揭露者，说出来的话弄得大家尴尬，也是自然而然的事情了。

文章开篇前两个对话例子的回应，就是一种"揭露者"的行为，这是一种非常让人讨厌或者无语的行为，不管有没有心，把不好的地方揭露出来，都会让人生厌。

朋友高兴地跟你说："我之前面试的公司录取我啦，好开心啊！"你却淡淡地揭露对方："又不是五百强，有什么好开心的？继续努力吧。"闺密给你看合照，说认识了一个新男友，你却揭露对方："他怎么这么矮啊，你怎么认识的？"

这就是认知同理心失调的揭露者。

想要避免成为一个揭露者，除了懂得转移你的认知关注点，你必须懂得"明知不故问"。就是明明知道事实，却故意不提出来。

你可能反问我：这样不就是虚伪吗？

搞清楚，虚伪是表面说一套，背后说一套，人前人后说的话不一样。但"明知不故问"，是把你知道的不故意提出来，站在对方的关注点去说话。

当朋友向你展示合照认识了一个男朋友，你看到照片，知道事实"这个男朋友矮"，但你不说起这个话题，而是说："真的吗？那太好啦，你终于摆脱单身了啊！赶快说一说，你们怎么认识的？"这就是好的做法。

如果朋友正经地问你："你觉得他怎么样？"你可能会回答说"身高有点矮"，但这样也属于揭露者的行为，除非对方主动提起这个缺点，你们彼此讨论。否则真正高情商的回答，应该说："我觉得他怎么样并不重要，重要的是你觉得他怎么样，还有他对你好不好。如果他对我这个闺密不好，他再好我也不会放过他的！"

不要以为彼此关系亲密就可以做一个揭露者，否则你和别人的感情会越来越疏远。

自大的人喜欢揭露别人的缺点，以此来获取优越感；自卑的人，也喜欢揭露别人，以此显示自己的价值。

用一颗平常心去看待世界，做到不卑不亢，你才有可能避免成为揭露者。

什么是话题点失焦？

冷笑话为什么让人觉得"冷"？

就是因为话题的焦点失焦了，没有集中在应该集中的地方。

例如四大发明的英文怎么说？

答：Star Farming.

明明话题的焦点应该集中在正经的英文翻译上，而你却集中在回答中文谐音的英文上，那这种话题失焦，很容易让人无语。

有时这些思维错位导致的话题失焦，也是引人发笑的一种机制，运用得好可以加分。不过大多数时候的话题失焦，会影响谈话的流畅度。

因为你无法保证，大家都聚焦在同一个论题上面，于是结果就会变成"鸡同鸭讲"，说什么都没意思。

例如你明明说的是这件事，但对方一直回应你的却是另一件事，答非所问。这就是话题焦点失焦了，并没有集中在应该集中的地方。

为什么话题点会失焦呢？

有两个原因：

（1）没有对话题进行充分的理解。

在日常交谈中，我们的谈话一般会根据环境、场合和对象来适当调整，这是认知同理心高的表现。

假如对方情绪轻松自在，我们随便闲聊、开开玩笑是很正常的事；可假如对方情绪低落，你依然继续去开玩笑，说一些无关痛痒的玩笑话，而不是把话题集中在缓和对方情绪之上，那就很容易让谈话陷入尴尬之中。

当你无法根据客观情况而理解要谈论的话题，那你的话题点就很容易失焦。

正因为你无法理解话题，于是你找不到回应的点，最终不是无话可说，就是敷衍了事。譬如文章开篇对话的第三个例子，就是属于这种。

试想一下，别人说了一大堆，你找不到那个回应的点，也不知道应该说什么，那么这时你只能简简单单地回答"嗯""哦""好"。除非你想刻意结束谈话，否则这种回应，很难让话题继续下去，从而导致聊天陷入冷场。

所以，要解决这个状况，你必须找出那个话题点，然后扩充那个话题点。如果你不知道话题点是什么，你可以直接表明你的不理解，对方会很乐意换种方式给你表达一遍的。

但当你知道找到那个话题点，你还要懂得扩充它，才能够让大家有话可说。

例如文章开头那个例子，别人对你说："听说你以前学习很厉害，还参加过各种活动，有丰富的社会经验……"你不知道对方这样说是什么目的，你就直接问对方："没错，你说得对，但你为什么这样问呢？"对方回答你，这样交流就会一来一往地进行。

如果这句话有了上下文的语境参考，你知道对方这样说的目的，就是希望聘请你加入对方的公司工作，你发现这个话题点，无论你愿不愿意，都可以以此扩充内容去回答，给出你的看法和理由。

也就是说，想要有话可说，有天可聊，你首先要充分理解话题表达的中心点，然后接着扩充这个点的内容，你就不会把天聊死了。

（2）事先设想自己的话语造成的反应。

上面说的是自己对别人话语的回应设想。

但我们说出来的话，也要设想别人是如何回应我们的。

一个会聊天的人，在开口之前，就会设想自己的话语会让对方产生何种回应方式。如果你缺少这个设想，你们彼此的话题点就是失焦。

为什么有些男人跟女生聊天，很容易就会尬聊、冷场，就是因为他们没有设想过，自己说出来的话，会导致对方以什么方式去回应。

例如你看上一个女生，希望跟对方做朋友，以下几种开场白，分别会导致对方产生什么感觉呢？

A：靓女，一个人这么无聊？做个朋友呗！

B：你好啊！你长得好漂亮啊！我们可以做个朋友吗？

C：不好意思，打扰你一下。刚才经过这里看到你，觉得你的气质很好，所以就冒昧过来跟你打声招呼，希望可以跟你做个朋友，可以吗？

排除其他因素，这三种话语，哪种说话方式会带给对方好的感觉呢？不用说，肯定是 C。因为 C 这种方式，展示出真诚聊天的态势，可以继续聊下去。

记住一个法则，想要避免尬聊，你说出来的话，一定要给对方预留回应你话语的空间。如果你说完自己想说的话之后，对方并没有回应的空间，那么这就会把天聊死。

很多男生跟女生聊天，想要表现出幽默，往往会问对方一些所谓的搞笑IQ 题。

例如：

你说：你知不知道，为什么你这么容易就被阳光晒黑呢？

女生问：为什么？

你说：因为一直有我罩（照）着你啊！

你让对方怎么回应你？说是，还是说不是才好？

不是不能说笑话，而是当你说出来之后，意识到对方无法回应，你就应该再说一些话让对方可以回应你："这个笑话讲得怎样？是不是太烂呢？"

所以，在你说话之前，一定要设想，你说出来的话，有没有给对方留下回应的空间。你的话对方可以回应，这会让对方顺利聊下去；你的话对方无法回应，这就会把天聊死。

不要以为自己想说什么就说什么，要尽量说一些能让对方回应的话语，例如对方关心的事情，对方感兴趣的事情，对方乐意分享的事情，能够谈及的事情，等等。

提高自己的认知同理心，学会转移关注点，然后在充分了解话题的前提之下，懂得扩充话题，而且这个扩充话题后的内容，还能够预留给对方回应的空间，当你做到这样，你自然就能够好好聊天了。

5. 男女之间很难沟通吗
——掌握正确的异性交谈方式

说起男女间的聊天，有过相关经验的朋友，都对此深有体会，为什么跟异性沟通会这么困难呢？

明明说着东，对方理解的却是西；明明回答得很正常，对方却一直在误会自己。

为什么会是这样子呢？

因为男女的沟通模式，根本完全不在一个层面上；男人、女人的大脑，其关注的点也不一样。如果彼此没有共识，就很容易发生矛盾。

男人的大脑集中于传递信息上面，如今天我要加班，会很晚回家；朋友约我出去，我今天不能陪你了。

而女人的大脑，则集中于传递情感上面，如今天要加班，要很晚才回家，好不开心啊；朋友约我逛街，今天陪不到你了（委屈的语气）。

有时候，女人表达当时内心沮丧的感受，会用一种比较夸张的方式。男人要是解读女人的话语时，喜欢死抠字眼，就会产生理解上的差异。

譬如女生因为你忘记生日就跟你抱怨："你从来都没爱过我，连我生日都居然忘记了！"

这时你把"从来都没"理解成"从头到尾都没有这样做"，那么你就会反驳："上一年我不是跟你过过吗？怎么不爱你了？"然后就会由此争吵起来。

比起男人，女人简直是天生的修辞家、语言学家。

事实上，女人的语言能力比男人强多了，每天说的话比男人也多很多。她们使用的语言丰富，擅长使用各种夸张、隐喻甚至是讽刺来充分抒发心中的情绪。

而男人呢？

则相对简单很多了，在表达方面会相对直白很多，是什么样就什么样，只会着重传达信息，表述事实。

假如有个会说甜言蜜语的高手，跟女人说话时一直都懂得修饰自己的表达，我相信大部分女生都会非常受用。

就算她们表面上说着"我才不喜欢这样口甜舌滑的男人"，但如果你能够偶尔跟她说几句赞美的话，相信我，你们的关系肯定"蒸蒸日上"。

两性之间的表达，肯定会具有性别角色的特质。任何模糊不清、冷漠无情的沟通，都是情感关系最大的障碍。女人最容易发出的一句牢骚话就是："你根本没有在听我说话！"

其实，不是男人没在听女人说什么，而是他们无法理解女人真正想要表达的那个点。

如果男人能够听懂女人内心的需求，他就不会把这件事当成是一个需要讨论的问题那样来对待，跟女人据理力争起来。只要顺着女人的感受，给予关心和安慰，抚平对方的情绪，双方就没有争吵了。

也就是说，男人偏重逻辑思考，女人偏重情感表达，在与对方进行沟通之前，这个前提你一定要了解。

女人怎么表达自己

男人最烦恼的问题，就是怎样才能很好地理解和读懂女人的话语，然后及时提供安慰和支持。

幽默的男生为什么容易受到女生欢迎？

因为他们着重的不是解决女人的问题，而是改变女人当下的心情。问题可以容后再谈，但女人的心情才是天大的事！

当一个男人说话幽默风趣的时候，就算女人的烦恼没有得到解决，她们依然感到开心和喜悦。这也是脸皮厚的男生的优势。

所以，要明白女人的烦恼，首要的一点，就是要意识到女人当前这句话所表达的背后情感。

女人喜欢用比较笼统概括的语言来表达情感，从中发出需要男人关爱体贴自己的暗示。

她们不会直接告诉你，"你跟女同事出去吃饭，我很生气，我不喜欢你这样做"，只会变换各种句式来表达："好呀，你就去呗，我又阻止不了你。"

如果你真的按照字面的意思去理解这句话的话，你将会收获到更加严重的后果。

没错，女生就是喜欢含蓄地表达自己，让男人费劲地去猜测她们的心思。男人一旦听不懂她们的表达，争吵就来了。

女人开口说话，不外乎以下这几种原因：

（1）传递信息或者收集信息。

（这是日常生活中十分常用的交流模式）

（2）表达自己的感受，让别人关注自己。

（女生喜欢在一起聊天就是因为她们都懂得这样做）

（3）建立亲密感，与他人分享内心的情感。

（要亲亲，要抱抱，要举高高）

（4）从说话中梳理自己的逻辑。

（一边说话，一边整理头绪）

有时候，让女生从头到尾完整、非常有逻辑地表述一件事，很难做到，所以她们往往都是边想边说。

由于在表达中女生是以情感作为主导，以情绪带动说话，所以作为男生，应该时刻牢记，绝对不能从字面上理解她们的话语，应该试着弄懂她们的言外之意。

另外，你还可以透过语气、表情、行为举止，来判断她们背后的情感。

男人如何表达自己

男人的表达，是以解决问题为导向的。

任何话都会有一个明确的目的，这是为了什么而说。

并不是说，男人不会注重自己的感受，而是他们更乐意把这种感受放在心里，很少会跟别人提起；即便是跟自己的好兄弟，也只是在喝酒或者思想放松的时候才会说出来。

所以男人，遇到问题的时候，往往喜欢去解决它们；解决不了，也要用一种非常逻辑化的思维去理解这些问题。

如果一个女生跟男生抱怨工作太辛苦了，经常加班，那么大部分的男生都会回答："辛苦就不要做了，做得不开心就辞职。"

可是，对于女生而言，她们并不想辞职，只是想抱怨一下这份工作带给自己的感受而已。

但要是角色互换，男生跟女生抱怨工作太辛苦，女生肯定会关心地问他为什么，然后给予安慰，希望对方不要不开心。她们会着重讨论不开心的原因，而不是给予解决的答案——尽管会提及一下，但这不是重点。

正是这个原因，男人遇到问题的时候，他们就会陷入思考解决问题的世界里面，整个人往往会变得沉默寡言，非常需要独处的空间。

这时要是女人不理解男人的苦恼，还质问对方为什么不理她、忽略她，耍个性，完全无视男人自我调整的过程，那么男人自会烦上加烦，从而引发更大的矛盾。

女生喜欢跟别人表达自己的感受，于是希望另一半也能跟她分享自己的感受，而男人却往往喜欢把情绪闷在心里，自己一个人扛。

这样迥异的思维方式，互相不懂，互相不理解，自然就会导致更加糟糕的沟通。

同时，当男人思考问题的时候，就算女生想要关心他，也不要在对方主动问起之前，就不由分说地为他出主意，教他应该怎么做。男人最讨厌女人唠唠叨叨地对他指指点点，要这样做，要那样做，这也是男生最忌讳的事情。

不是男人不想跟女人分担困扰，希望对方给予意见，而是只有当他自己一个人想不出什么结果的时候，他才会想起另一半陪伴在自己身旁，他才会轻微地询问一下另一半的主意。只是最后拿捏决定，还是他自己。

如果一个男人，一遇到问题就征询女人的意见，不但是没有主见的表现，而且还很容易让女人轻视他。所以作为女人，看到男人在一旁闷闷不乐，你当然可以关心他，当然更重要的是，你要为他打气，给予他鼓励，为他分担烦恼，而不是以爱之名去打扰他。

问题是，很多时候双方都无法把握这种表达自己想法的尺度，于是矛盾就自然而然产生出来了。

那应该怎么沟通呢？

不卑不亢的心态

心态的好坏会影响我们的语言表达。

面对一个价值比我们高的异性，诸如俊男美女，或者社会地位高，我们跟他们说话肯定不会那么放得开；而面对比我们价值低的异性，我们就很容易发出自己的言谈。

处于不同的价值状态，我们跟异性的聊天也会有不同的结果。例如你认识的异性突然发信息给你，想约你出来看电影。三种不同价值的你，会怎么回应呢？

异性：你明天有空出来跟我看电影吗？

（1）你的价值比对方低：可以啊，当然可以，你想什么时候看都行！

（2）你的价值跟对方一样：好啊，不过怎么无缘无故约我看电影呢？有什么猫腻？

（3）你的价值比对方高：跟你看电影？为什么？我没空啊！

想一想我们面对价值比我们高的人，例如美女帅哥，或者面对价值比我们低的人，例如屌丝没好感的人，是不是多多少少都有这种感觉呢？

男生和女生交谈，无论大家的价值是男多女少，还是男少女多，这样的状态都不利于彼此正常沟通。

只有大家的价值相差无几，或者你从一开始就抱着"不卑不亢"的态度，那这样跟异性聊起天来，才不会出现谁看不起谁、谁仰视谁这些情况。否则，彼此就很难处于一种愉快、融洽、平等的状态下去聊天。

而要做到不卑不亢，需要你有一个良好甚至强大的心态才行，既不要被对方外表影响到自己的思绪，又不会因为对方某些缺陷而对他心生鄙夷。

如果没有一个这样的心态，就会导致你无法正常跟异性交往相处，想聊天也不敢开口去聊。

那怎么培养好的心态呢？

A. 提高你的个人价值。你是女生，你打扮得很好看，自信十足，而且经济又独立，那男生就不会轻易伤害你；你是男生，让自己从内到外变得强大起来，散发出迷人的魅力，还拥有立身处世的各种能力，那女生也不会轻易鄙视你。只有这样，大家才有"谈判"的资本。

B. 跟自己个人价值相差无几的人交往。你是癞蛤蟆，一下子就想吃到天鹅肉，这就不切实际，毕竟我们很难拥有这种运气。培养跟价值相当的异性聊天的能力即可。有了这个底子，以后我们才能进一步跟高价值的人交谈。

C. 丰富自己的阅历，多接触不同身份的人。了解过普通人是如何艰难生活，又经常置身于高价值的人群当中，对这个世界有了深刻的认识，那以后你置身于其他地方，你也能够自然地控制自己的情感，做到心如止水，不会被其他人影响到自己的表现。

选择恰当的表达方式

心态的好坏会影响我们的语言表达，反过来，我们的语言表达，也能在一定程度上反映出我们的心态。

所以，想要做到不卑不亢这个姿态，除了自信心这些内在的修炼，语言句式的选择也是十分重要的。你要懂得使用一些可以展示你"不卑不亢"姿态的句式，来包装你的思想。

我们与异性交往，刚开始接触，我们只是单凭表面印象来判断对方的价值。看到对方长得漂亮，我们就觉得对方的价值比我们高；看到对方的姿态普普通通，我们就觉得对方没什么了不起的地方。

其实这种判断，是非常主观的。一个你觉得好看的女生，说不定说起话来就像个没文化的俗人；一个你觉得长得帅气的男生，说不定私底下有着肮脏的非分之想。而这些，单凭表面我们是很难看得出来的。

当我们依照表面的印象，就轻率地定性自己的价值不如对方，从而不敢聊天，我们就很难真正做到不卑不亢。很有可能，我们的语言就会因此受到心态影响，选用了一些低价值的句式来跟对方交流。

其结果是，我们低价值的印象，就会加深在对方的脑海之中。

我在上面举了三种价值的回应方式，对比一下这三种句式带给你什么感觉？很明显，中间的那种句式的表达，更像朋友之间的聊天，也更自然舒服。如果你跟异性聊天的时候，不注意选用适合的句式来表达，你就很容易把自己的印象搞砸。

例如你想约对方下个星期出来看电影。

低价值的句式：这个星期天你可不可以出来跟我看电影呢？我好想约你看一次电影！

高价值的句式：喂，这个星期天出来陪我看电影，我买好票了，记得出来啊！

而不卑不亢的句式：你这个星期天有没有空呢？最近上映的那部电影挺好看的，如果你有空，到时一起去看！

如果对方拒绝了你，低价值的回应句式就是：那你什么时候才有空呢？我可以等你的，没关系，什么时候我都方便。

而平等价值的回应句式：是吗？那没关系啦，等你有空的时候再约吧，反正有的是机会。

看出差别没？平等句式的表达，是不是更加大方自然、干净利落呢？而且即便对方拒绝你，你也表现出一副"无所谓"的态度，不强求，这种聊天姿态，就不会给予对方任何压力，也更容易成事。

跟异性聊天，切勿表露出"求"的姿态，除非你真的有事相求。否则任何时候的聊天，都要有意识选用不卑不亢的句式来说话。

值得注意的是，如果一开始你已经给了对方不好的印象，那什么句式也帮不了你。你需要费上很多工夫，才能最终扭转这个局面。

所以，尽量展示出自己的高价值，或者保持不卑不亢的态度，以此来构建你的第一印象。从开始的接触，就要选用"大方""自然""无所谓"等句式来与对方进行交谈。偶尔适当发挥一下幽默感，也是一种非常好的表达选择，毕竟可以体现出你的自信心、思维敏捷和反应能力、价值等。

只有这样聊天，你们后续的相处，才有变好的可能。

懂得运用聊天策略

聊天也要讲求策略的。策略运用得好，聊天就得心应手；反之，就矛盾不断。

有一篇讲述左先生和右先生对于另一半如何反应的文章。这篇文章指出，不同的男人，在处理问题时的表现不同。左先生代表口头关心，就是让你"多喝热水"这样；而右先生则是行动派，无时无刻不在显示出自己的行动。于是文章得出一个结论，就是"你可以跟左先生谈恋爱，却一定要跟右先生结婚"。

然而，现实生活中很难完全把这两种人分隔得这么清楚。某些时候某些事情上，对方可能是左先生，但另一些时候，另一些事情上，他可能就变成了右先生。这不一定涉及个人品性的问题，而是如何聊天的问题。

如何聊天，是一个策略选择的问题。那聊天的策略应该怎么选择呢？

答案是，了解对方的需求，然后根据对方这个需求，再针对性地满足对方，这就是聊天策略的运用。当你意识到对方渴望得到你的赞美，你就选用赞美的句式，不要说其他有的没的；对方希望得到你的安慰，你就给予最真诚的拥抱，不要讲任何道理。

根据对方的需求聊天，如果对方遇到车祸，这个对话应该这样子：

你：我撞车了。

先生：怎么突然会这样？你有没有事？哪里受伤了没有？（满足被关心的需求）

你：我没事，只是被追尾，车尾凹进去一点点而已。

先生：最重要的是人没事！现在的人开车都是乱来的，以后你要注意一下。（满足对方需要被安慰的需求）

你：知道了。

先生：那你有没有报警和报保险处理呀？（了解对方解决问题的需求）

你：没有啊，这些我都不懂。

先生：来，告诉我车牌号，我现在给你处理。（解决问题的表现）

这样说，就"一气呵成"把左先生和右先生的角色一起给做了，既充当了暖男，满足女生渴望被关心的心理，又体现出男生为女生解决问题这个角色。

这样的聊天，男女双方都会感到非常满意。如果你没有这种聊天意识，这时就需要所谓的策略来帮助聊天。

不管是对男生还是女生来说，在懂得如何好好说话的前提下，再辅以行动作为解决方式，这才能成为合格的沟通者。

6. 怎么说话才是高情商
——高情商谈话的八条法则

一个会说话的人，他的情商必然不会很低。

观察一下身边那些社交高手，他们是不是都懂得怎么高情商地谈话呢？

我们每个人跟别人交往，不外乎两个目的：一是情感上的归属，二是利益上的来往。然而很多时候，这两种目的并无法单独实现。

好比你心情不好的时候，渴望得到朋友的安慰，那么平时你在利益上的付出，就不能太斤斤计较。否则出去吃饭总是不埋单，出去玩总是负责享受，那么就算朋友看到你伤心，也很难投入感情去给予你安慰。

无论是出于哪个目的，想要获得和谐而有效的人际关系，高情商的行为必不可少。而在所有高情商的行为当中，谈话却又是其中的重中之重。所以，如何谈话才能体现出高情商，就是需要学习的地方。

以下这八条谈话法则，高情商的人多多少少都会具备，掌握它们，你才有可能建立和谐的人际关系。

法则一：谈论对方感兴趣的话题

我们每个人都喜欢谈论自己的事情。

如果你伤心的时候，渴望朋友安慰你，那么你看到朋友伤心，你有没有主动去安慰他呢？当你懂得站在对方的立场去看待问题，你就拥有了高情商的谈话能力。

别人最需要表达的地方，也就是他们最感兴趣的地方。

你察觉到朋友正在为不会写作的问题而心生烦恼，你走过去，却跟他聊起了你感兴趣的经济发展，你认为对方愿意搭理你吗？就算愿意搭理你，是不是也只是说一两句之后就快速结束谈话呢？

很多人在与他人交流的时候，往往苦恼于不知道怎么跟别人打开话匣子。其实，谈论对方感兴趣的话题，这个问题就能够解决了。相反，只顾谈论自己感兴趣的话题，那么就很容易导致大家尬聊。

从寒暄入手，然后谈论对方感兴趣的话题，其间再加插自己想谈论的部分，一来一往，这样的谈话才能形成良性循环。如：

你：小智，这么巧啊！近来忙什么呢？

小智：没有啊，都是上班下班，回家睡觉。

你：这么无聊？没去玩吗？

小智：不知道玩什么，日子苦闷。

你：你不是喜欢看电影吗？去看个电影啊，今天上映那部科幻电影，我觉得挺适合你去看。

小智：真的？是什么电影？

你：《头号玩家》，讲述 VR 游戏世界里发生的事情。我还没有看，不过已经买了今晚的电影票。你这种工科男，说不定比我更有兴趣去看这类电影。

小智：居然有这种事？那我也找时间去看看。

法则二：对谈话倾注热情

谁都不喜欢面对的谈话对象是那种言语态度冰冰冷冷的人。别人说了一大堆，然后你冷冷地回应一两句，换谁都没心情继续聊下去。

情商高的人，对谈话对象都会表现出足够的兴趣，渴望跟对方聊天，愿意从对方身上获得某些启发。于是说话期间，都能够保持充满好奇心的热情态度。

但是，这种热情的态度，并不是每个人都能够做到。很多人以为，愿意搭理对方，就是热情的表现。其实，这还远远不够。

行为上的热情，还要加上言语上的热情，才能够构成这样一种对别人感兴趣的态度。也就是说，你话语当中渗透出来的情绪，好像看到好朋友那样，能够激起愉悦谈话的氛围。

试想一下，当你面对谈话对象的时候，如同面对一个讨厌的人那样，你们的聊天会朝着好的方向发展吗？

肯定不会。

很多男生面对喜欢的女生时，一副遮遮掩掩的态度，完全放不开，这种姿态怎么能够进一步发展呢？女孩子都不知道你要干吗！

所以，想要通过谈话建立情感关系，让别人愿意跟我们相处，我们首先要对他们感兴趣，问一些关心他们的问题，然后设法取得共鸣。

只有这样，你的谈话才能显示出高情商的特质，人际关系才会更加顺利。

法则三：学会赞美别人

懂得根据对方的特质去赞美别人，这是高情商的一种体现。

根据我们人性的特点，每个人都喜欢被别人赞美。就算一个高喊"我不喜欢别人赞美"的人，只要你说："你这种思想很明智，不会被别人的赞美冲昏头脑，果然有见地。"那么听到你这么说，对方肯定会感到很满意，因为他被你认同了。

这就是赞美。

赞美是一种认同，而反驳则是一种打压。前者对于构建和谐的人际关系，起到非常重要的作用；而后者，只会破坏彼此的情感。

当然，或许你会觉得，随便赞美别人会不会显得自己很虚伪呢？这里有一个前提，就是你的赞美，最好是赞美别人具体而且看得出来的地方。

好比你赞美别人"你真是一个好人啊""你真是很聪明啊"，那这种赞美说多了，就会给人虚伪的感觉，效果也不好。

但你具体化去赞美，如："小马，我之前在街上，无意中看到你搀扶着一个老奶奶过马路，没想到你是这么一个好人啊，很棒。"

听到你这么说，对方心里必定感到很开心。

如果你没有类似的经验，或者刚刚跟对方接触，并不了解对方，那就从对方的言谈举止、衣着打扮，还有他背后取得的成就入手赞美。

例如：听你的说话，可以看得出来你的思想很深刻，分析能力很强，表达清晰，看来你平常肯定很喜欢阅读啦。

又如：你好，李先生，很高兴来到这里跟你见面。之前我了解到你通过自身的能力，把公司的业绩提升了几个百分点。你这么厉害，让我们这些年轻人很崇拜，请问你有没有可以分享的经验呢？

这种赞美，就是切合到个人确实存在的特点来进行，一点都不会让人觉得虚伪。

每个人都有自己的闪光点，你要做的，只不过是把对方的闪光点找出来，用自己的语言表述而已。

记住，你赞美的地方，一定是别人的闪光点，否则别人胖，你还赞美别人有福气，那就糟糕了。

法则四：自我袒露一些缺点

在生活当中，谁喜欢跟那些高高在上、完美无瑕的人交朋友呢？

如果一个人走出来的姿态，是那种非常严肃，非常正经，给人很有压力的感觉，那我们除了敬而远之之外，就很难进一步建立关系了。

易地而处，要是我们也是这样的人，别人又怎么会愿意靠近我们呢？

很多人以为跟别人相处，一定要留给对方完美无瑕的印象，一点小错误都不能犯。然而这种心理，不仅会给自己带来巨大的心理压力，而且还会感染到对方，让跟我们接触的人也同样有种坐立不安的压抑感。

反应到行为上，不是导致自己不敢随便说话，就是让自己的言谈举止看起来很刻意的做作。而正是这种状态，影响到我们的人际交往。

有一位大学教授讲课很受欢迎，别人问他有什么心得。他说："非常简单，上课的时候，为了活跃气氛，我会故意把一些成语和字词念错，还一脸无辜那样。同学们觉得不可能发生的事情，用一种滑稽的形式发生了，就会引人发笑。"

一个教授都能够愿意袒露自己的"缺点"，以此来营造谈话的气氛，更何况我们普通人呢？

偶尔开一开自己的玩笑，自嘲一番，别人就会觉得你很可爱。就算有时候不小心说错了话，只要你能够主动道歉，什么事情就都没了。为了维护自己面子而执着地辩驳，这样就显得太霸道。

适当袒露一些小缺点，开玩笑说"其实我近来脱发，所以不要盯着我的发际线看"，或者"要去唱歌啊？我就是人称'五音不全'的歌唱家啊，你们不怕吗"，这种聊天，就能解除对方的防备心理，从而让对方继续轻松地跟你聊下去。

这才是高情商的做法。

法则五：不要对别人的做法太苛责

在你的生活当中，是不是有一些人总是喜欢对别人的做法指指点点呢？

不管你做得怎么样，那些人总是揪着你不好的地方大放厥词，说你这样做不好，那样做不行，好像做什么都是错似的。你有没有过类似的感觉？

喜欢对别人的行为指手画脚的人，往往都是过于以自我为中心。一旦别人的行为没有按照自己所期待的那样，就开始对别人念念叨叨，眼里容不得一粒沙子。

你抱着这样的思想面对工作上的挑战，很好，毕竟工作就要做到尽善尽美。但假如你以这种思想跟别人交谈相处，那就会很容易闹出矛盾。

每个人都有自己的处事方式，只要这些方式没有伤害到其他人，没有损害到别人的利益，他这样做，是他自己的自由，其他人没权指指点点。也许，你是出于好心，出于善意，而提出自己的意见。问题是，这些意见和建议，别人需要吗？

当别人不需要，而你强加给别人，那就很容易引起对方的逆反心理，硬是跟你作对起来。

当然，就算别人的错误你真的发现了，你也没必要用一种高高在上的姿态去指出来。用一种讨论的方式去说，才能够缓和话语的锋芒，不会给人太苛刻的感觉。

例如你看到别人偷懒，没有收拾工作桌，你直接说："喂，你是不是懒到这种程度了，连桌子都不会收拾了？你被老板骂不要说我没有提醒你！"这样子肯定会惹起对方的不快。

但你说："小张，你的桌子好像有点乱哦，老板看到可能会有意见，你可不可以先收拾一下呢？"这样的表达方式，就友好多了。

所以这也说明一件事，不要随便好为人师，除非对方有问题向你请教，这时你才可以大胆给出自己的意见。否则，你随便对别人指指点点，只会破坏彼此的关系。

宽以待人，严于律己，任何时候都是一个高情商的行事法则。

法则六：适时重复对方的说话

我们每个人都有一种"渴望被肯定"的心理。

故此，你说出来的话，要是被对方认可认同，你这种心理就会得到满足，从而产生愉悦感。如果跟别人相处的时候，你也能够肯定一下对方，对方想必会非常感谢你。

其中有一个做法，就是重复对方说的话。

例如朋友跟你说自己昨天完成老板吩咐的一项任务，提升了公司的业绩。那你搭话说："你说你通过自身的能力，帮助老板完成了一项任务，让公司的业绩获得提升吗？"

朋友听到你这么说，肯定会回答你"是的"，然后你才说"了不起啊"，那别人肯定非常开心——就算你重复说出的意思，跟对方话语的意思没有什么不同。

千万不要认为这种重复对方言谈的做法是浪费时间。因为这个做法表现出两个特征：第一，表明你在认真听对方说话；第二，表明你在理解对方说话的意思。

有时候对方说了一些话，你不明白，然后你用自己的语言把对方的意思重复一遍说出来，整理出清晰的头绪，这样做不但让自己更加理解话语的意思，而且还能够激发对方愿意倾谈的欲望。对于构建良好的人际关系，这起到非常重要的作用。

例如别人跟你诉苦，说出自己的情况，你说："我知道你现在很伤心，那些情况肯定会让你感到很难过。"对方就会觉得你在认真听他说话，表明你在关心他。

想要学会安慰别人，你必须懂得了解对方的难处；而想要了解对方的难处，你必须学会倾听；想要学会倾听，你肯定要知道对方在说什么。

而适时重复对方的话语，就能够做到上面这几点。

法则七：不要什么事情都去辩解

做错事，最正确的做法是什么？当然是第一时间真诚地去道歉。

如果你为了自己的面子，为了维护那脆弱的自尊心，而不断跟别人辩解，越说越激动，导致情绪失控，那么人际关系变得糟糕，也只是迟早的事情。

有一些人迟到了，道歉什么的都不说，上来就直接解释，哎呀，塞车塞了好久啊！哎呀，突然被别人喊去做事！哎呀，跟同事吃饭久了！你认为这样的辩解，会让对方好受一点吗？毕竟等了你这么长时间。

这种情况，你越是为自己的错误辩解，就越让别人生厌。尽管导致你迟到的原因，不是在你控制的范围之内，但不去辩解，直接道歉，才能够真正缓解对方焦躁的情绪。况且，你还可以提前告诉对方发生了什么事，不是吗？

所以当你真正因为其他事情而不得不迟到时，见到朋友，你应该第一时间道歉："不好意思，让你等这么久！刚才突然塞车塞了好久，所以过来晚了。希望你不要介意，下一次我会提早出门的，不好意思！"

有些事情可以辩解，诸如别人误会你、错怪你，你可以为了维护自己的声誉而做出解释，但其他事情，如果你的行为惹起了别人的不快，你最好真诚地道歉。

道歉要不了你的命，反而还会让别人觉得你是一个有担当的人。

法则八：根据社交距离进行交谈

你希望同事下楼吃饭，顺便给你买一瓶饮料，以下哪几种说法会更好？

A. 小张，等一下你下楼吃饭，给我买瓶饮料回来。

B. 小张，等一下你下楼吃饭，可不可以顺便给我买瓶饮料回来？这里十块钱给你。谢谢你啦！

C. 小张，听说你等一下要下楼吃饭哦，那你帮我买瓶饮料回来怎样？拜托你啦，我不想下去啊！求求你好不好？

不同的表达，会给人不同的心理感受。而这种心理感受，却又跟我们的社交距离息息相关。

第一种说法，你的老板或者是父母跟你这样说，你一点都不会觉得有问题，但要是同事这样跟你说，你就反感了，因为这种说法超出了彼此的社交距离。

第二种说法比较中性，既不强求，又不哀求。平等、大方、礼貌，大多数情况都适合使用，但要是面对老板或者一些长辈，就不能这么说。

第三种说法，就有点低姿态，偶尔用来哄别人帮助，完全没问题。但要是面对其他不熟悉的人，你这样做就会显得你"另有所图"了。

所以，根据社交距离跟别人交谈，你的言辞用语，也要进行适当的调整。一般情况下，面对不太熟悉，社会地位又相差不大的人，就尽量选用第二种说法。既不会让别人觉得你高高在上，也不会自我贬低那样，需要去哀求别人。

其实社交距离，时时刻刻都会存在。你跟家人可以借10000块，但跟朋友也许只能借1000块；跟相熟的同事可以相互帮忙，但对于关系还不熟络的人，你贸然麻烦别人，可能就会超出彼此社交距离的行动范围。

应用在说话上，也是如此。跟相熟的朋友，你可以随意开玩笑；但面对关系不熟的其他人，你开的玩笑，也许就会对别人造成冒犯。

任何时候，懂得根据社交距离来谈话，随着关系的发展，慢慢变换和调整说法，你才能够做到真正的高情商。

这八条法则，只是我们人际交往的高情商谈话里面非常小的一部分，却也是最基本的一部分。掌握它们，你的生活会过得更加和谐有爱；忽略它们，说不定你的生活就会从此麻烦不断。

但怎么做，做得好不好，最终还是取决于你自己。